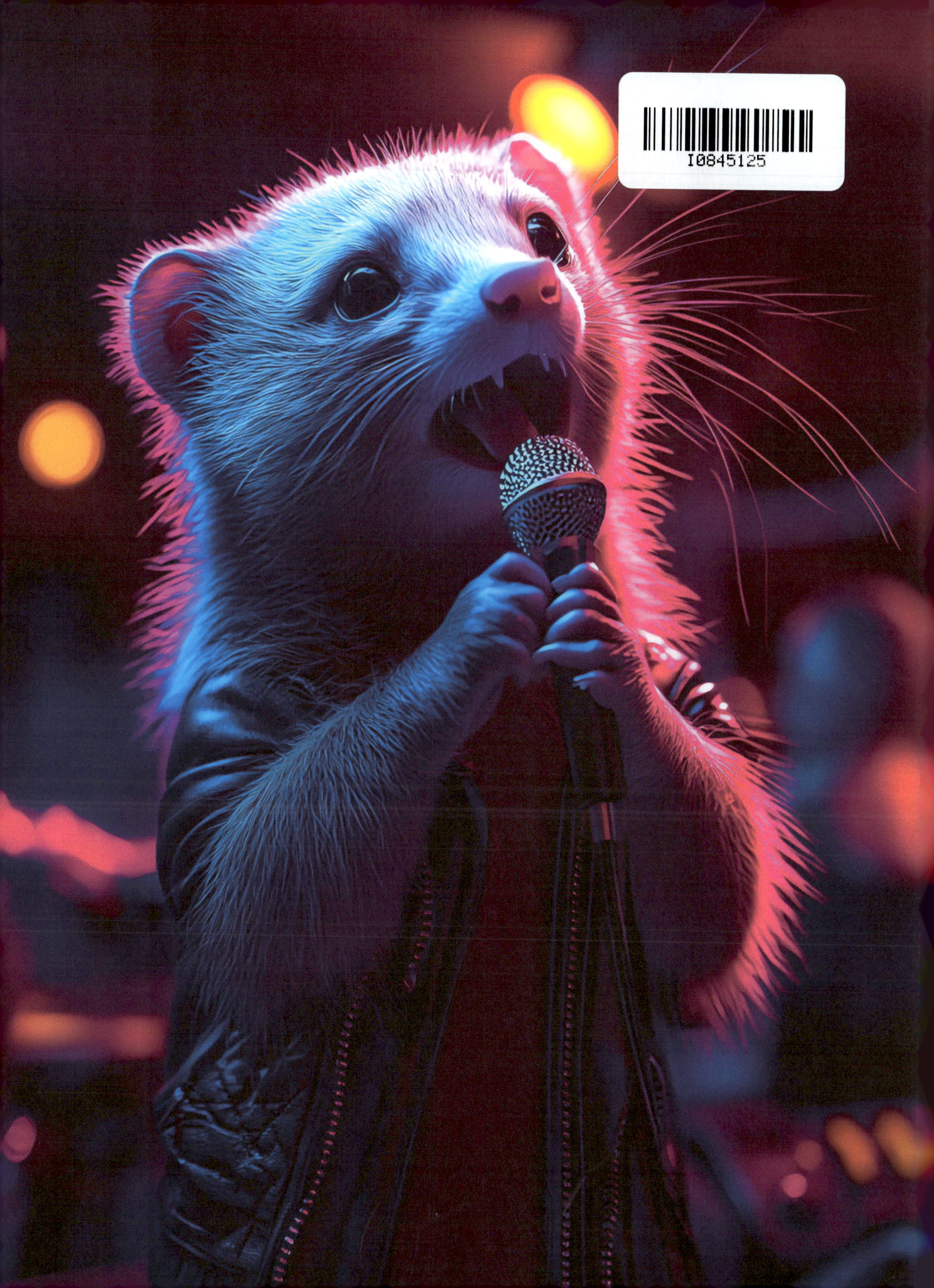
I0845125

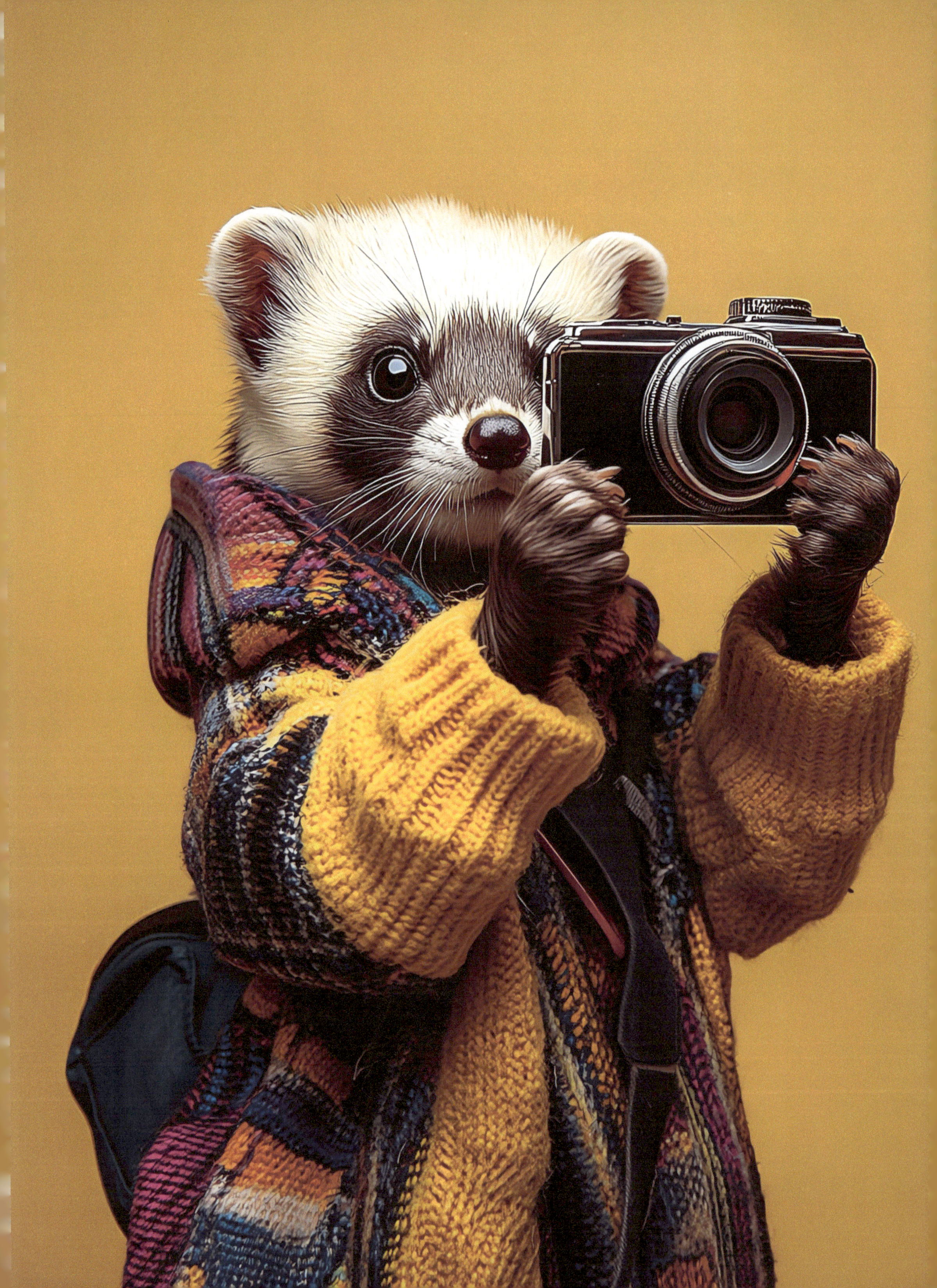

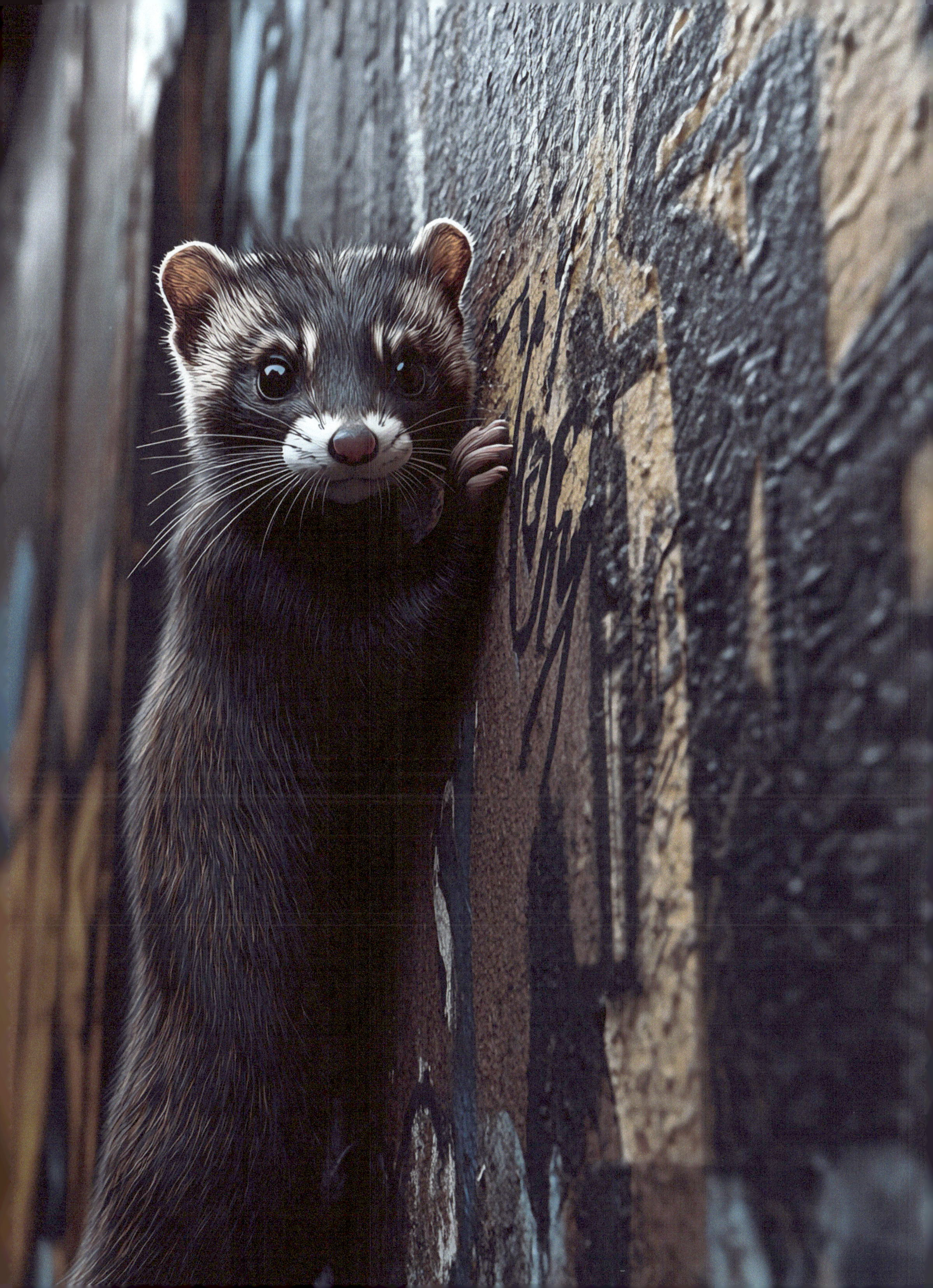

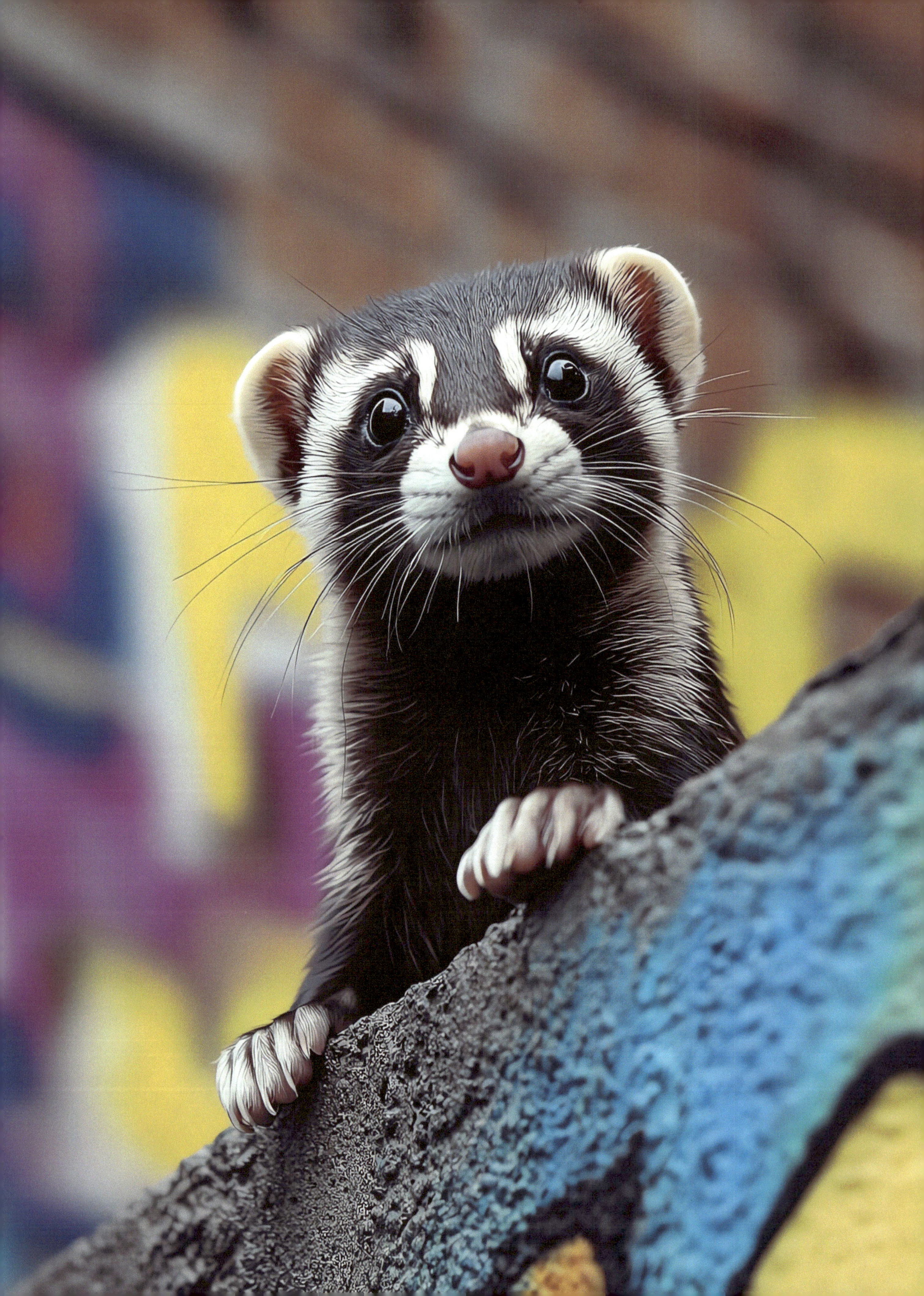

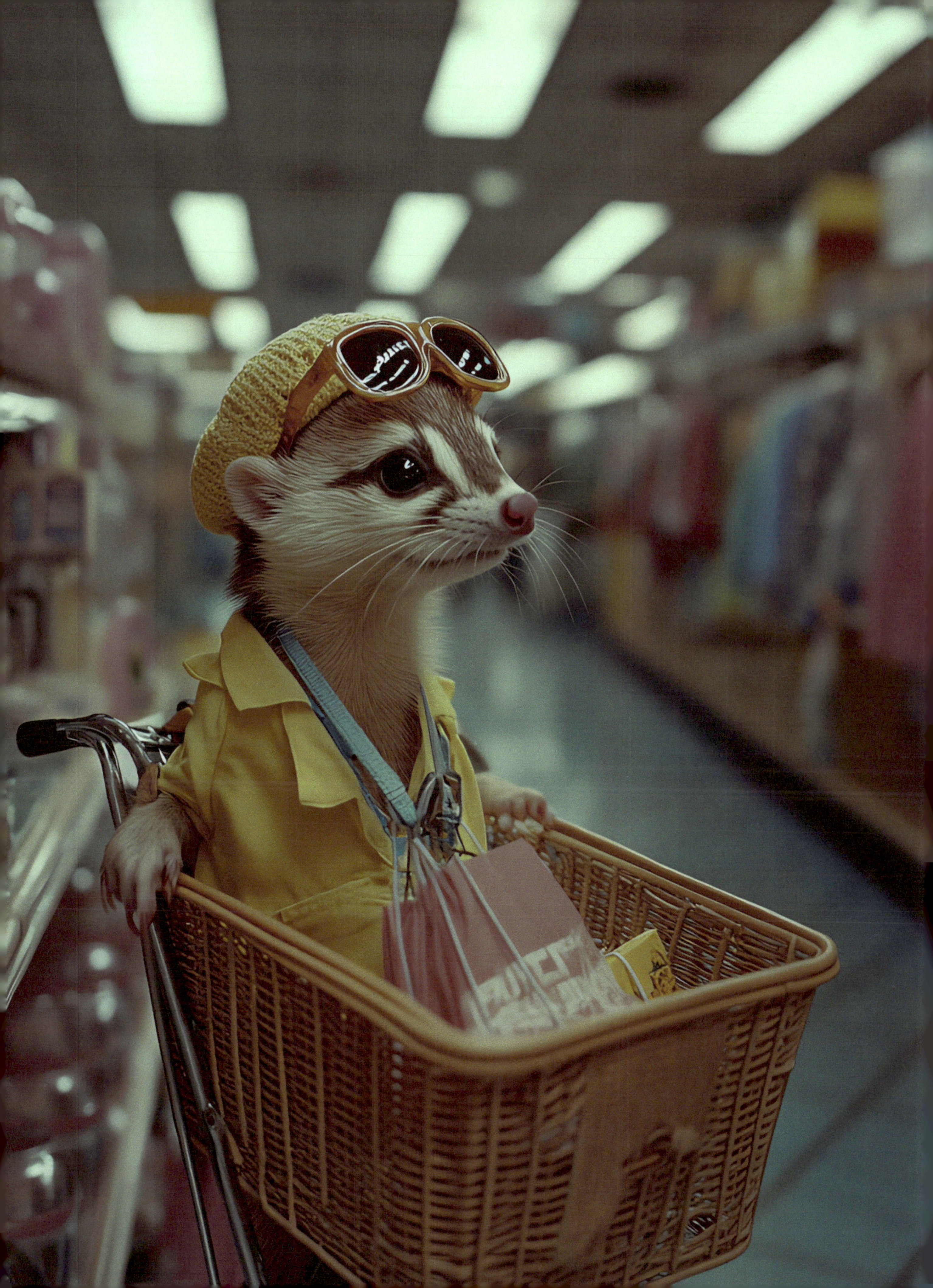

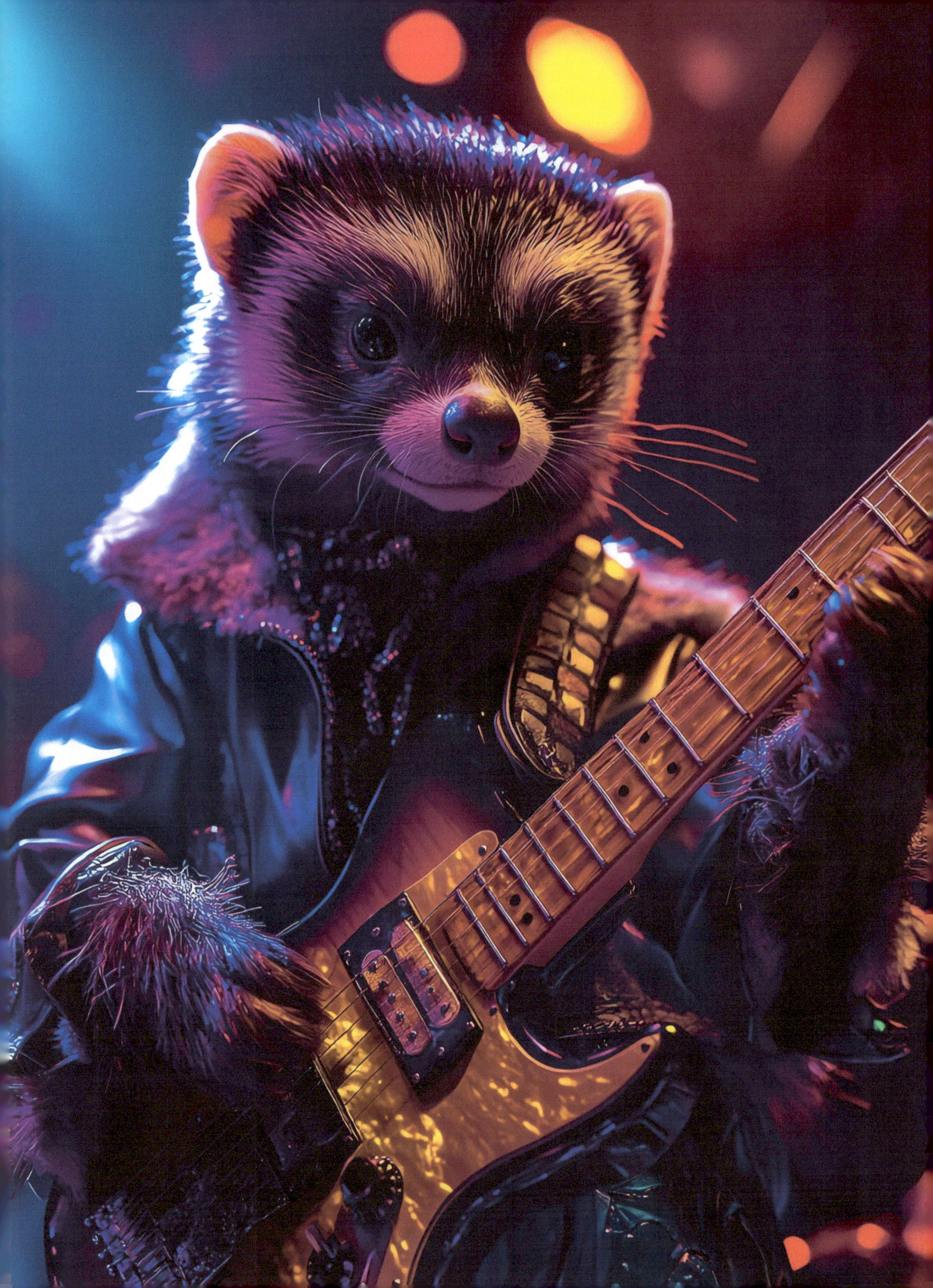

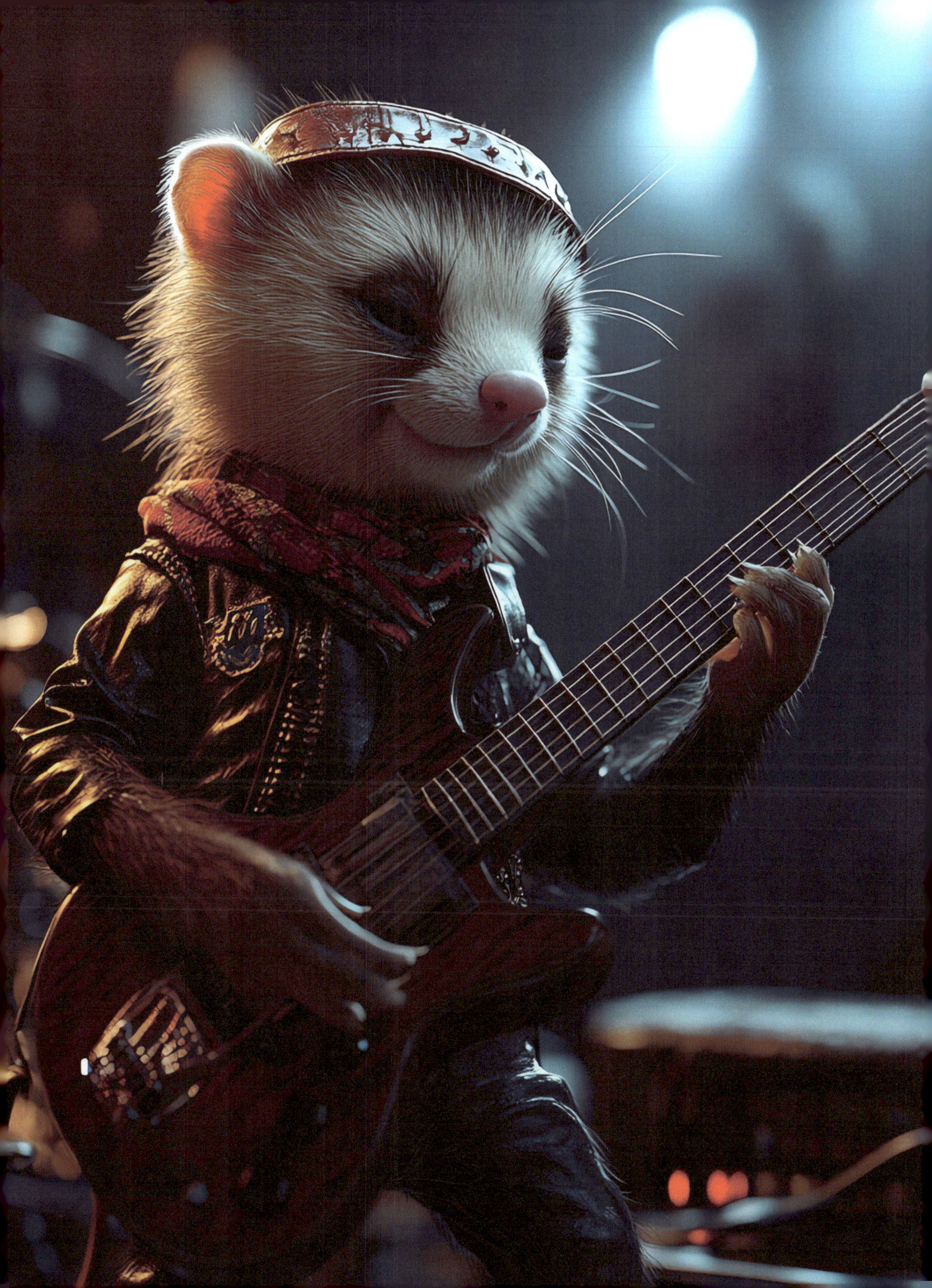

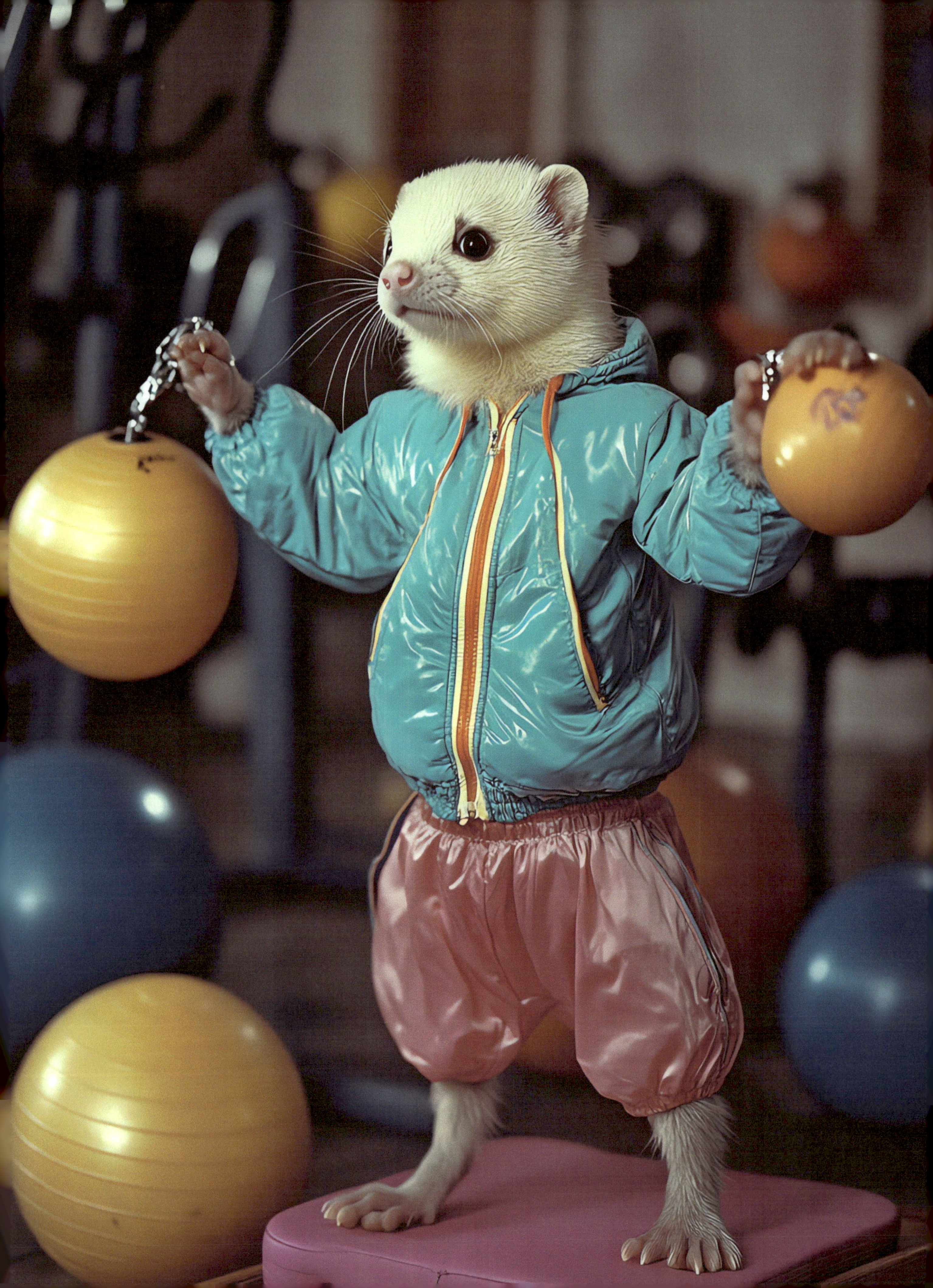

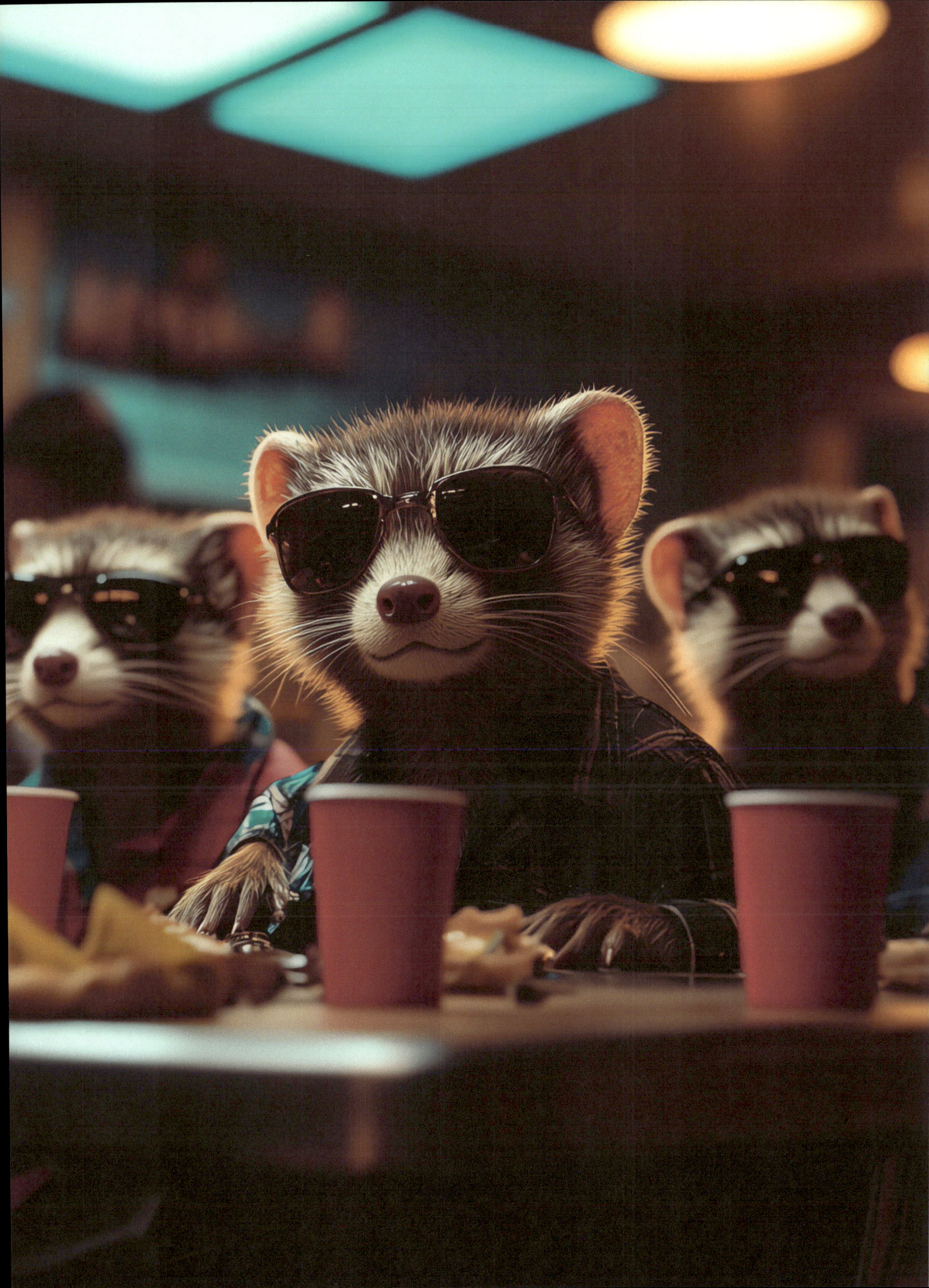

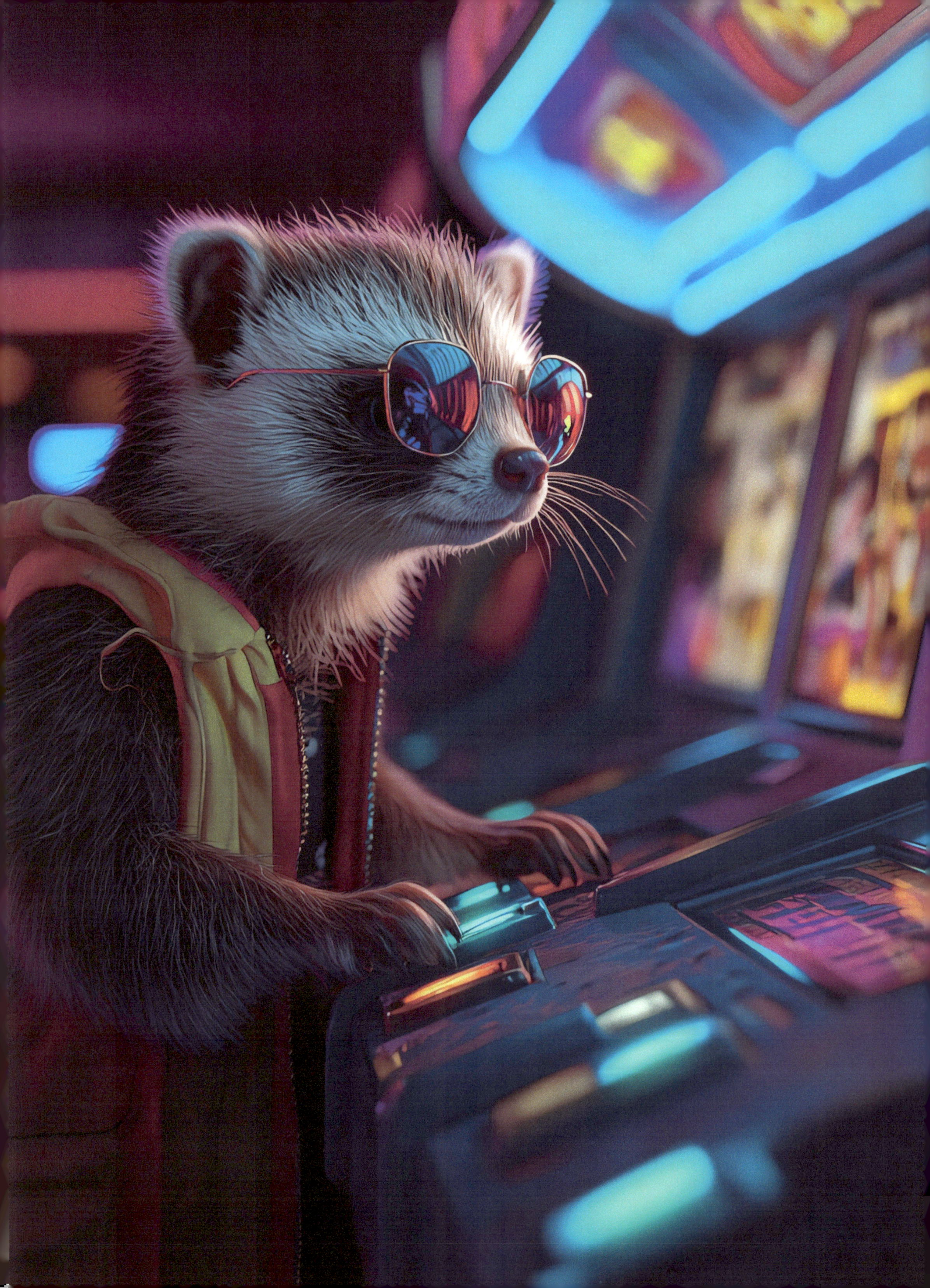

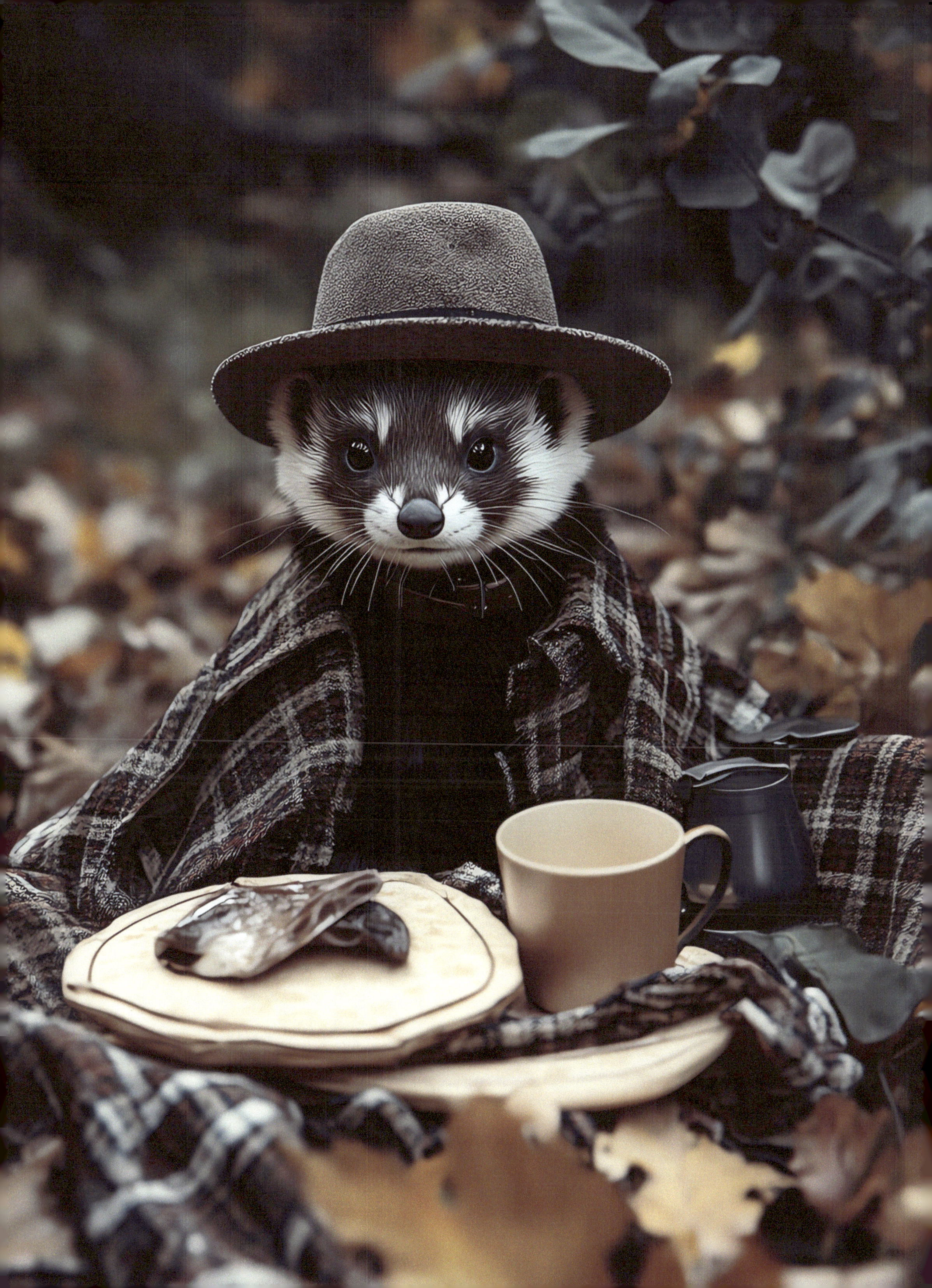

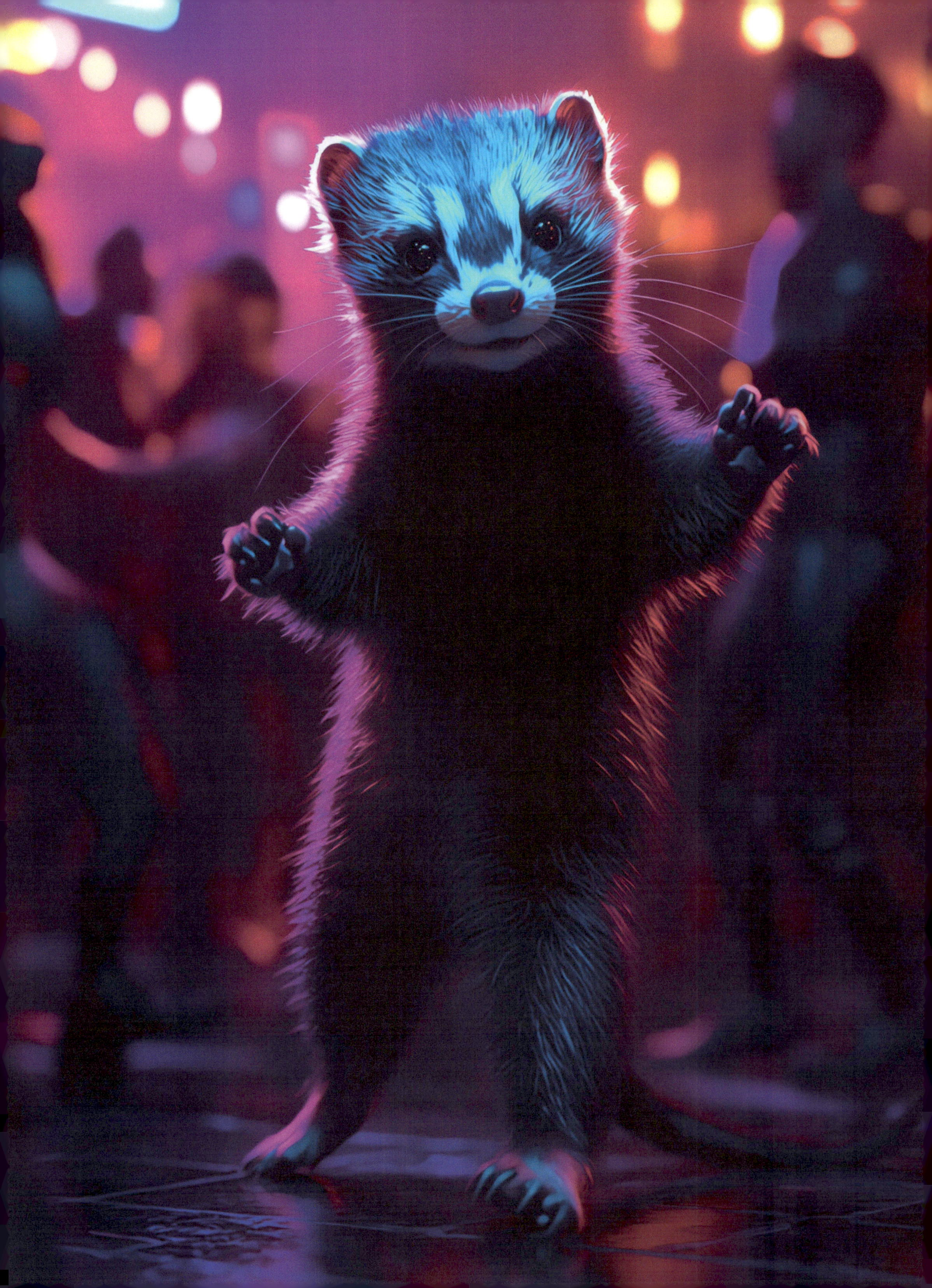

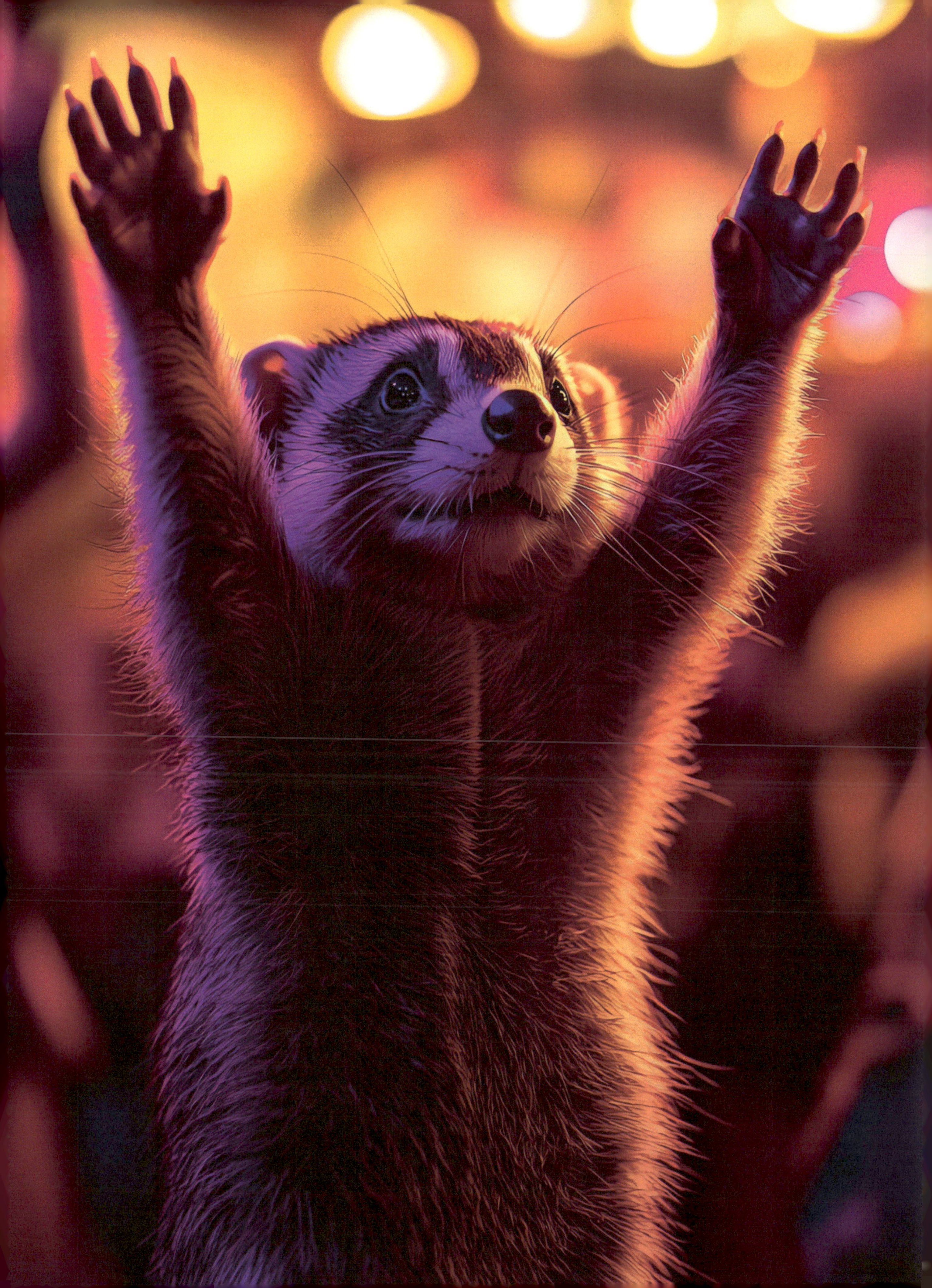

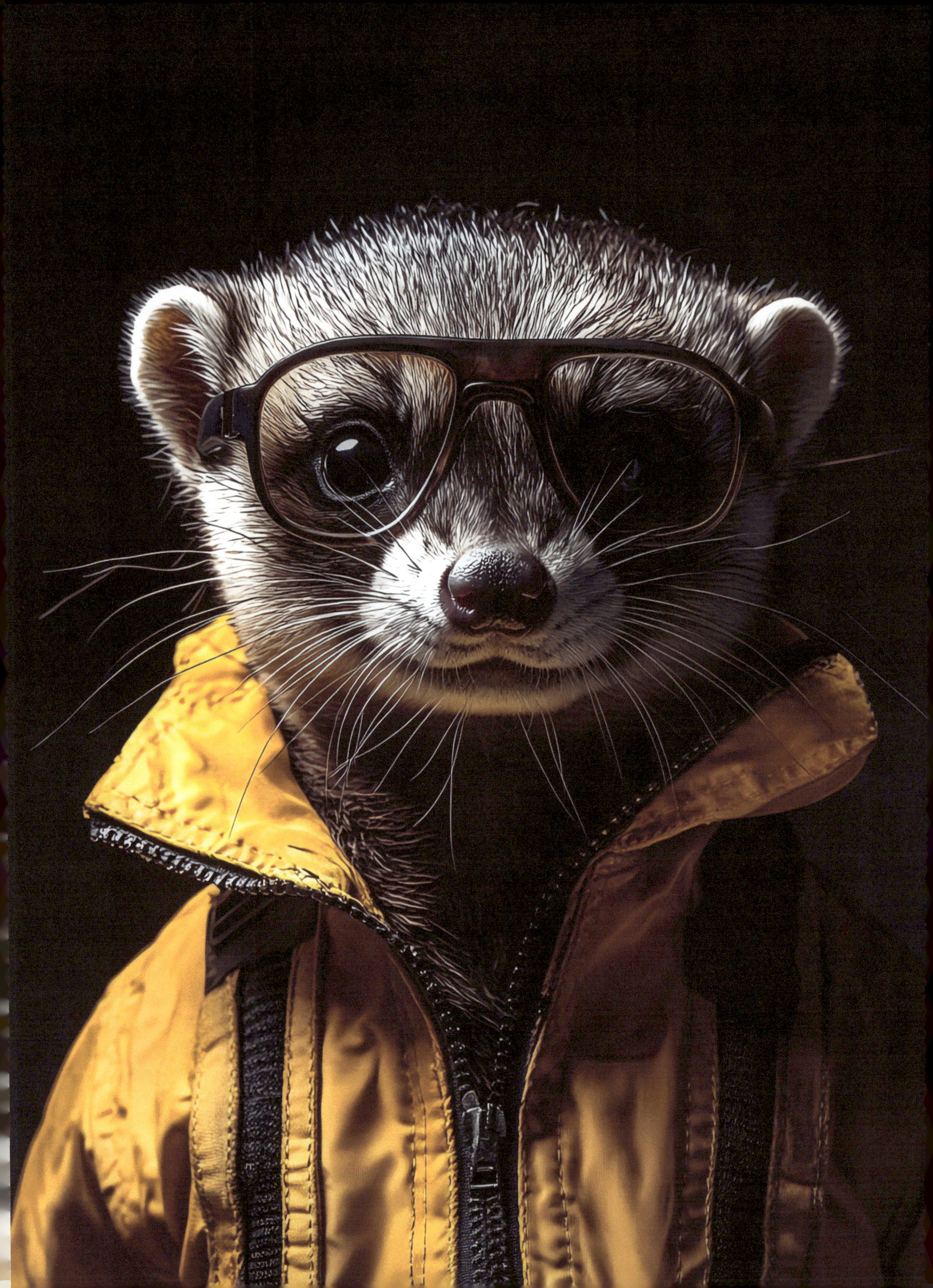

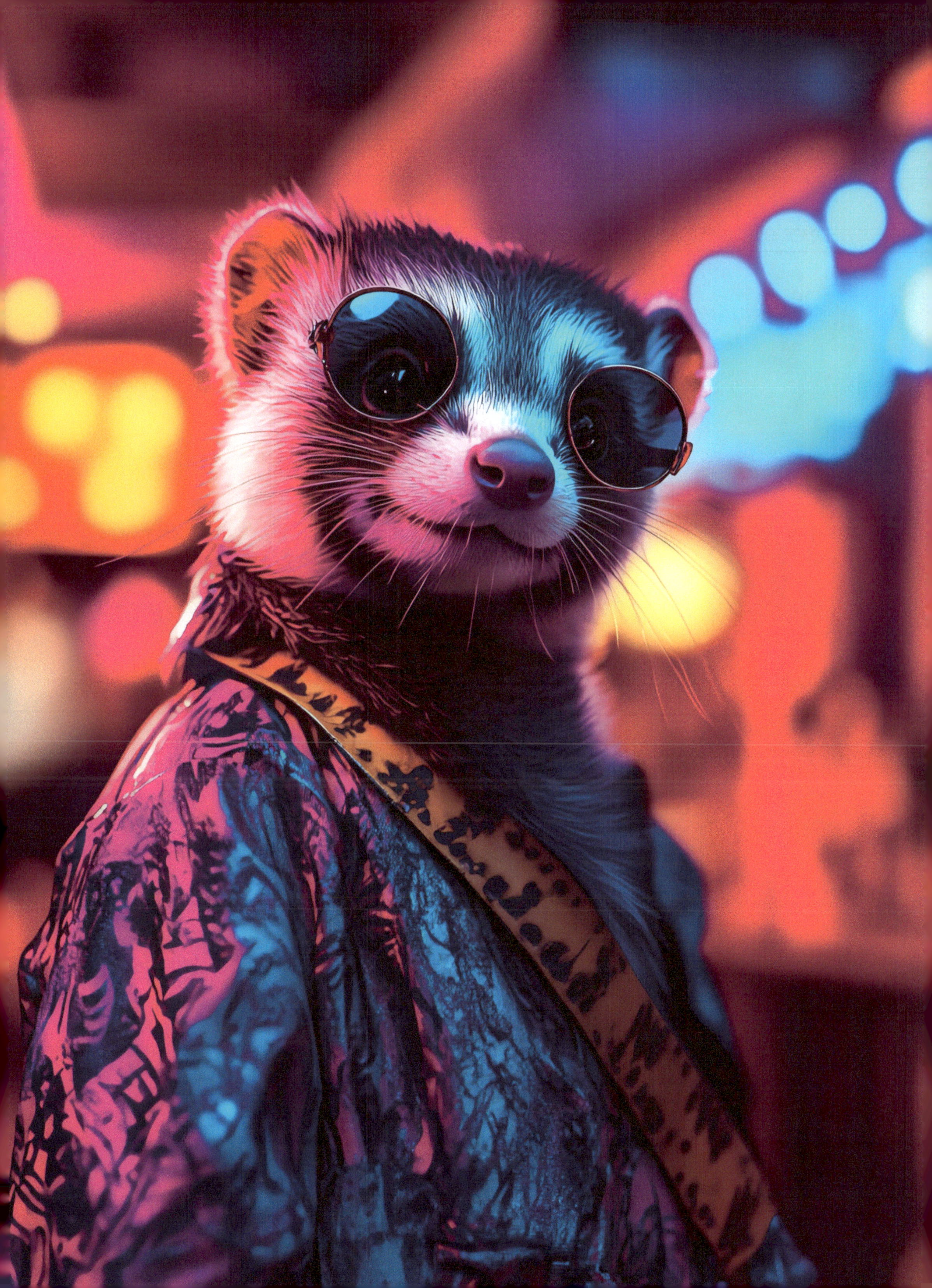

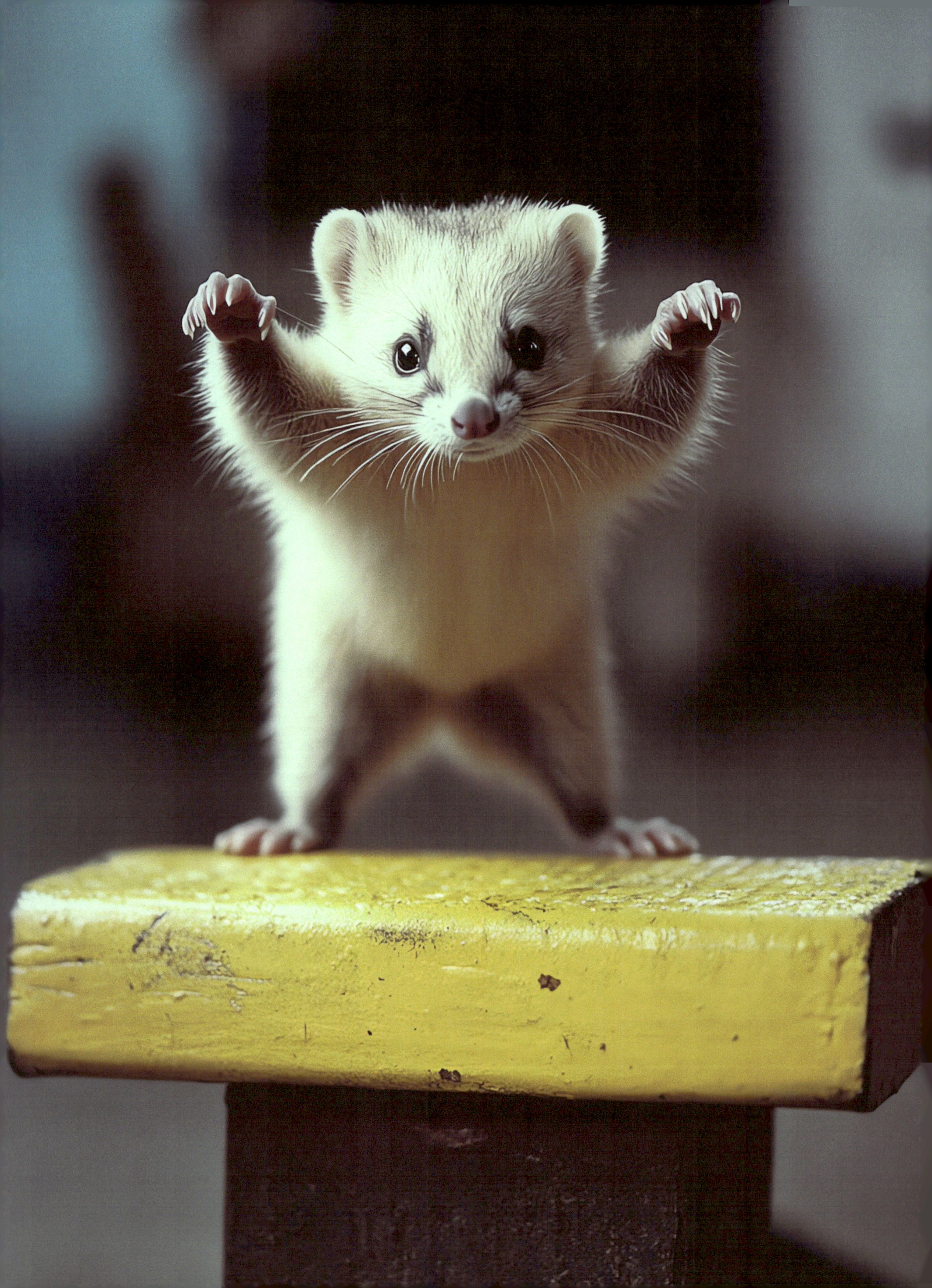

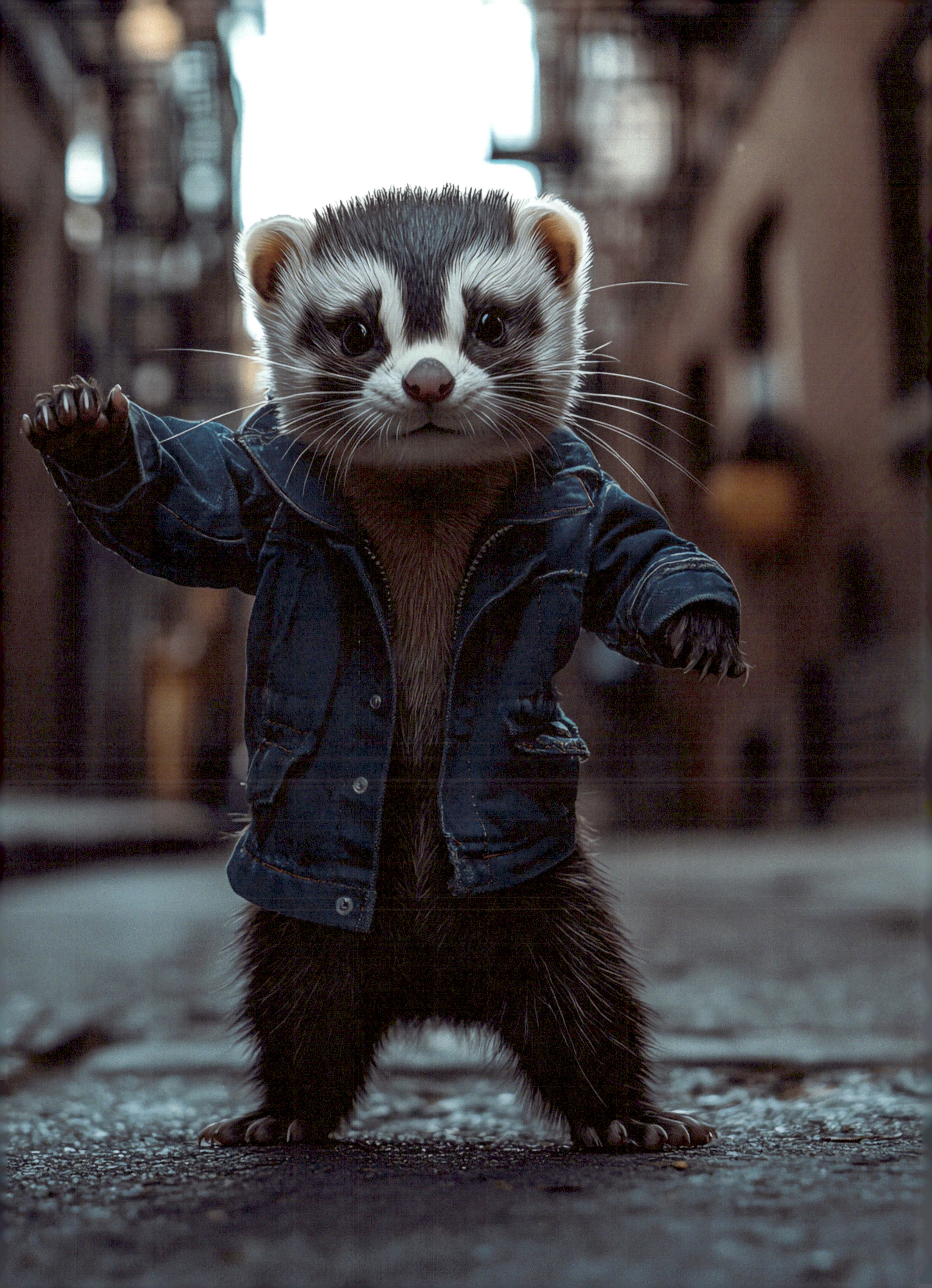

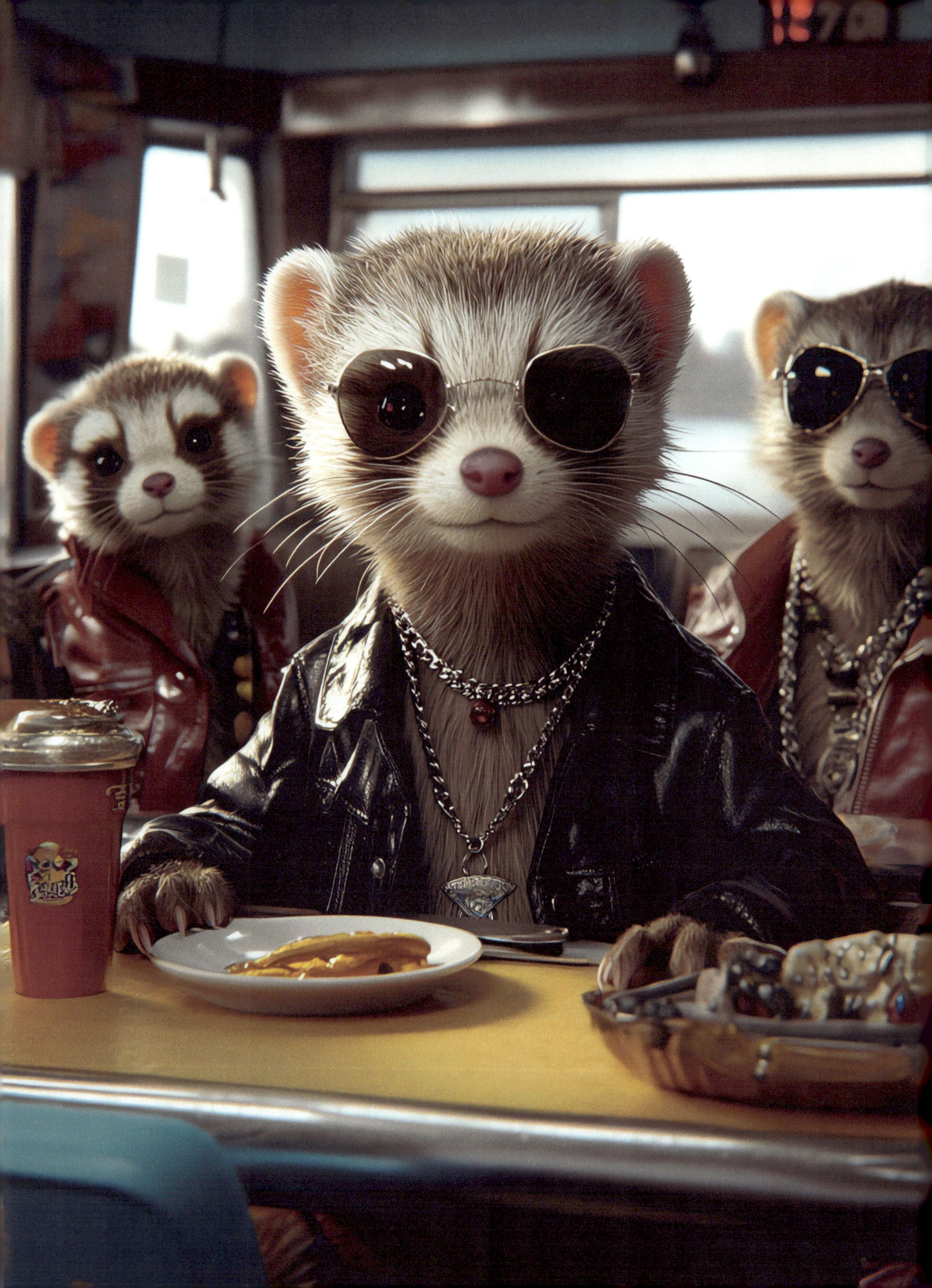

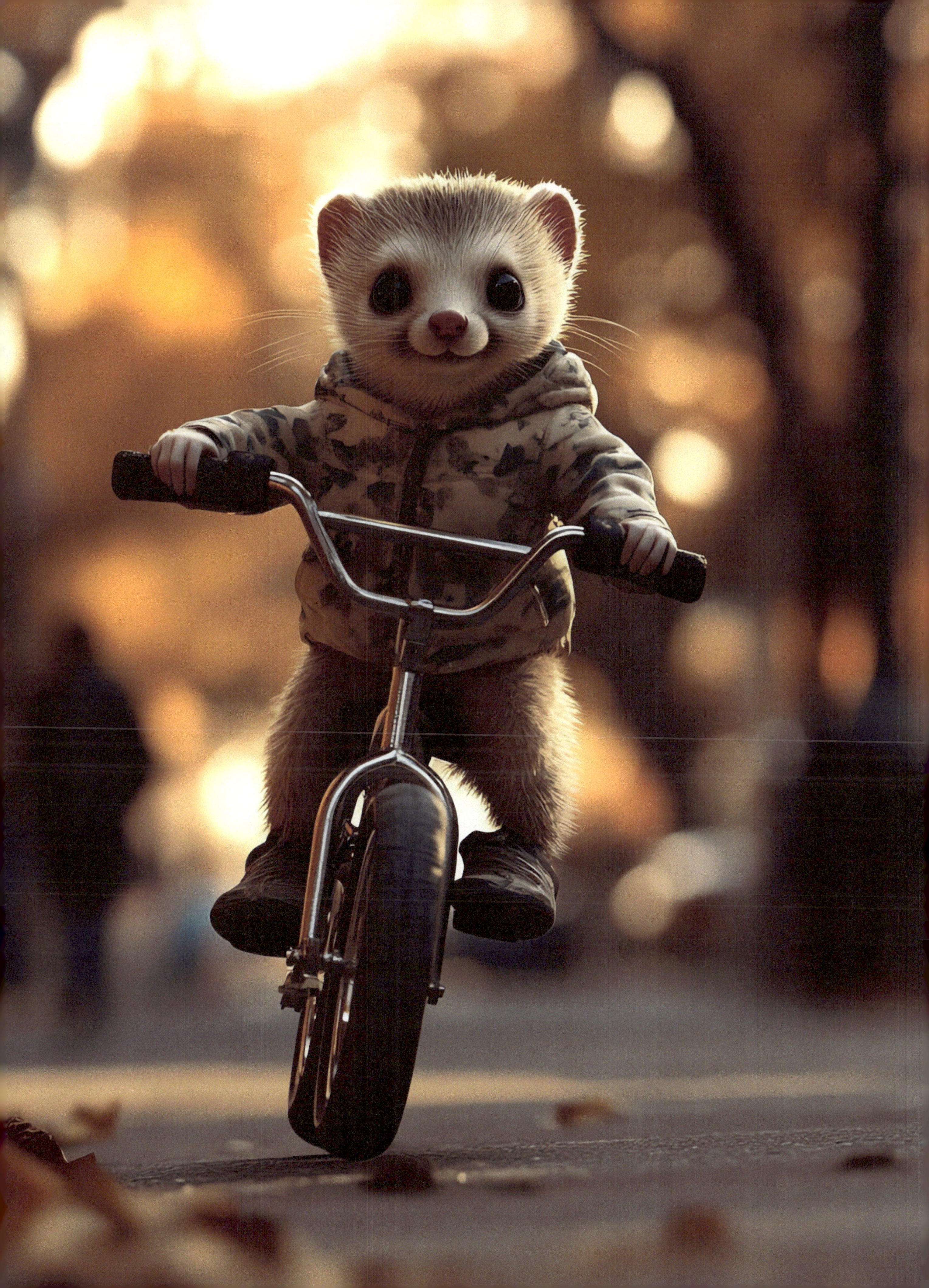

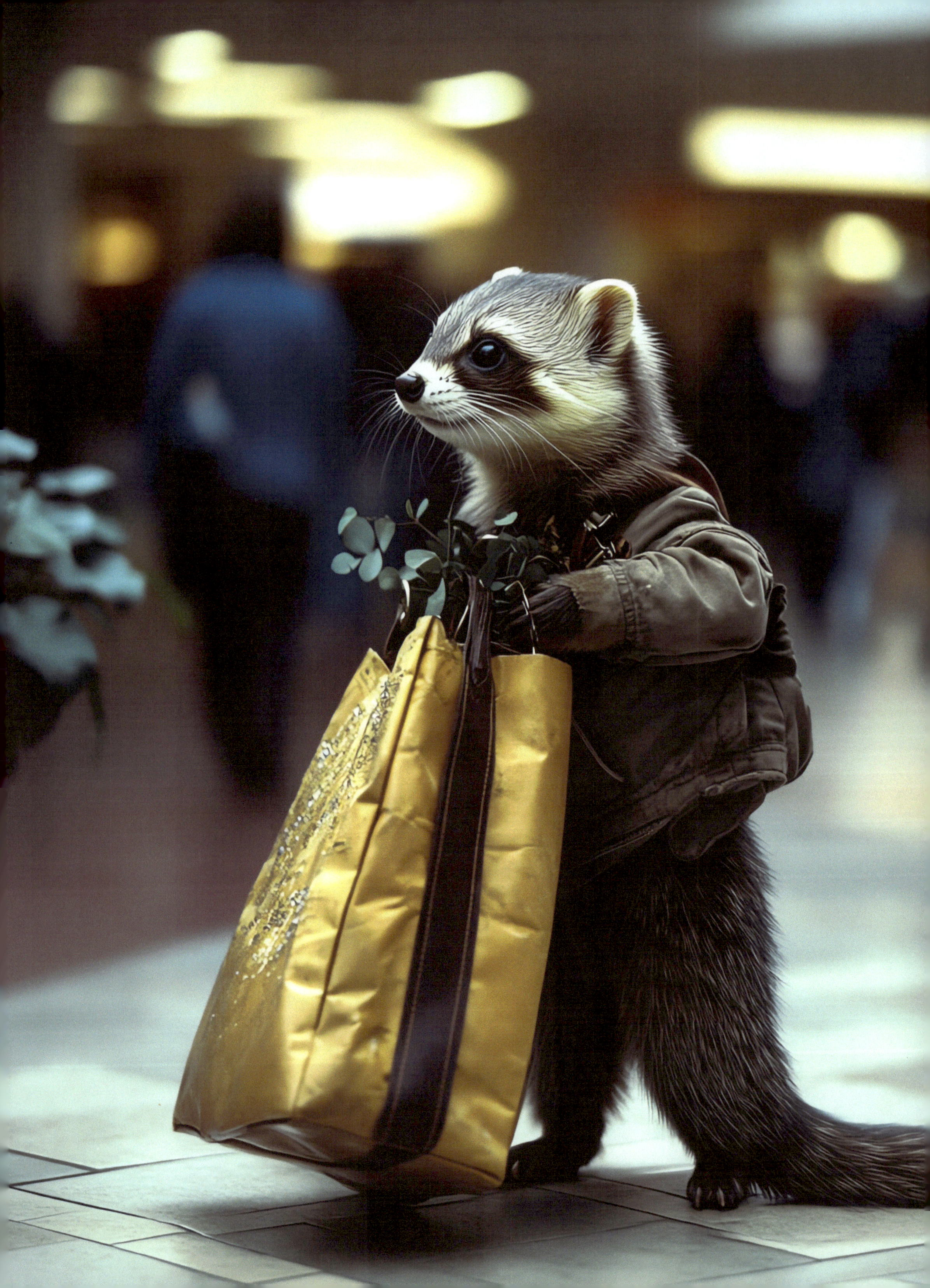

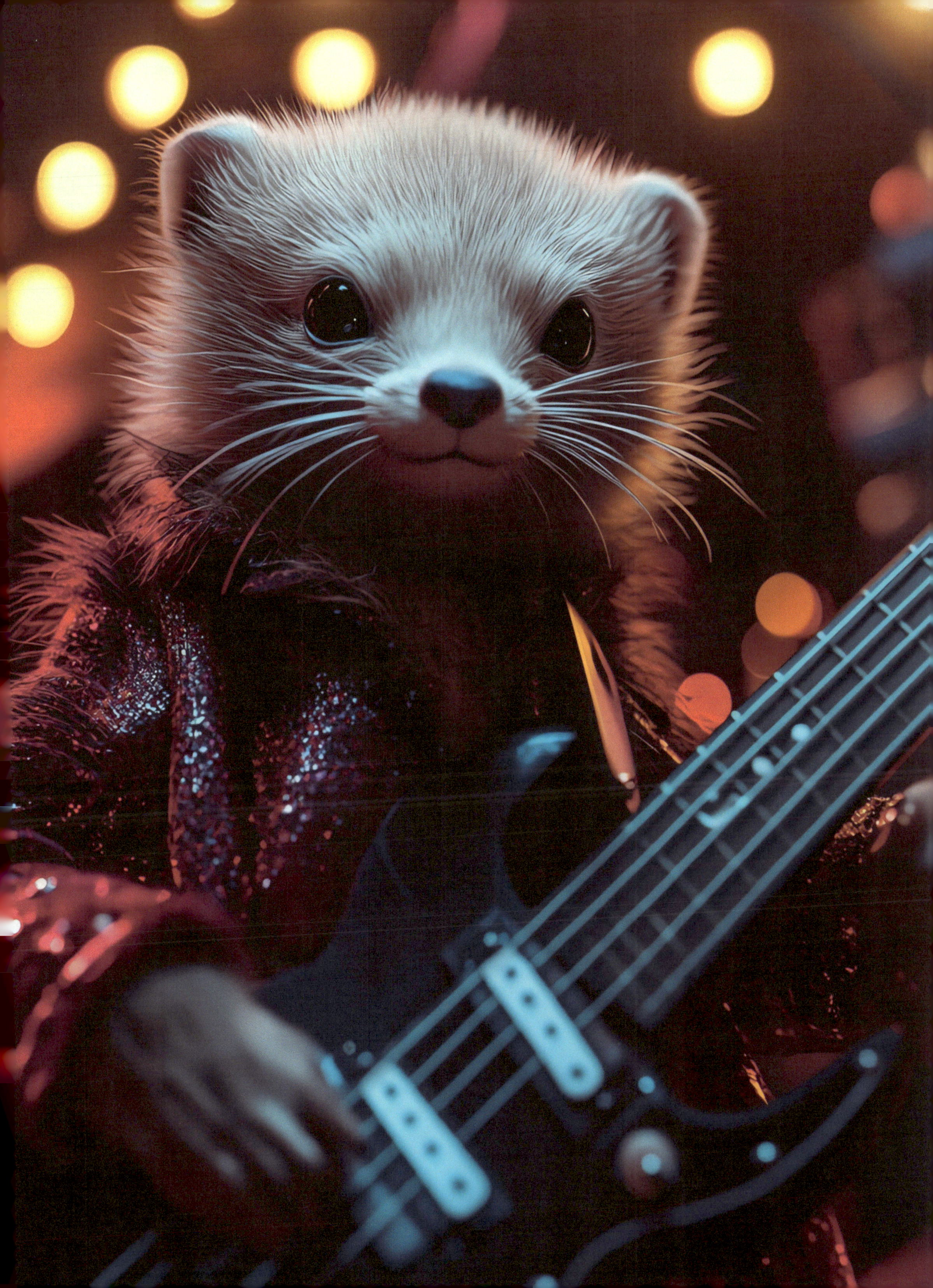

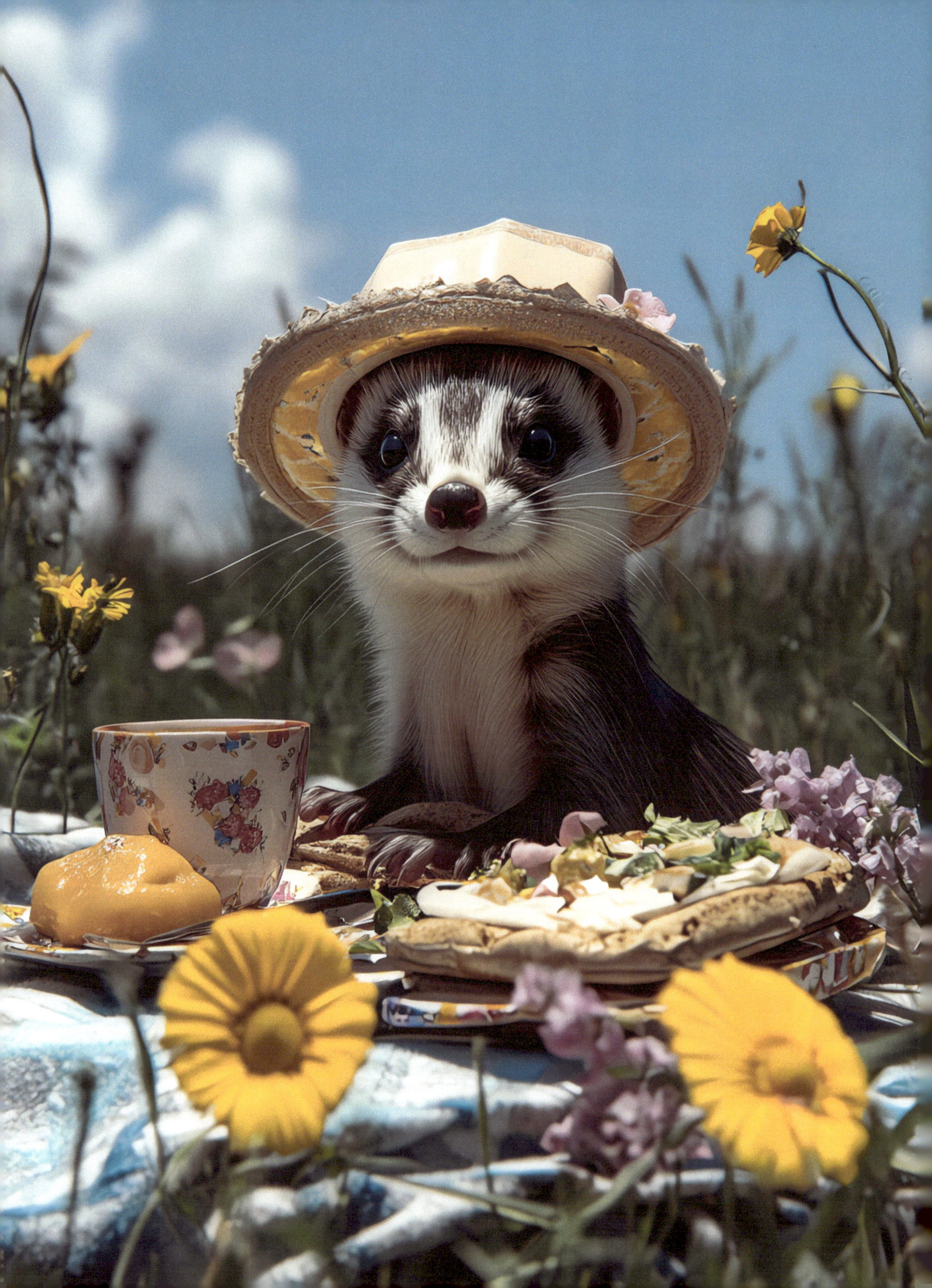

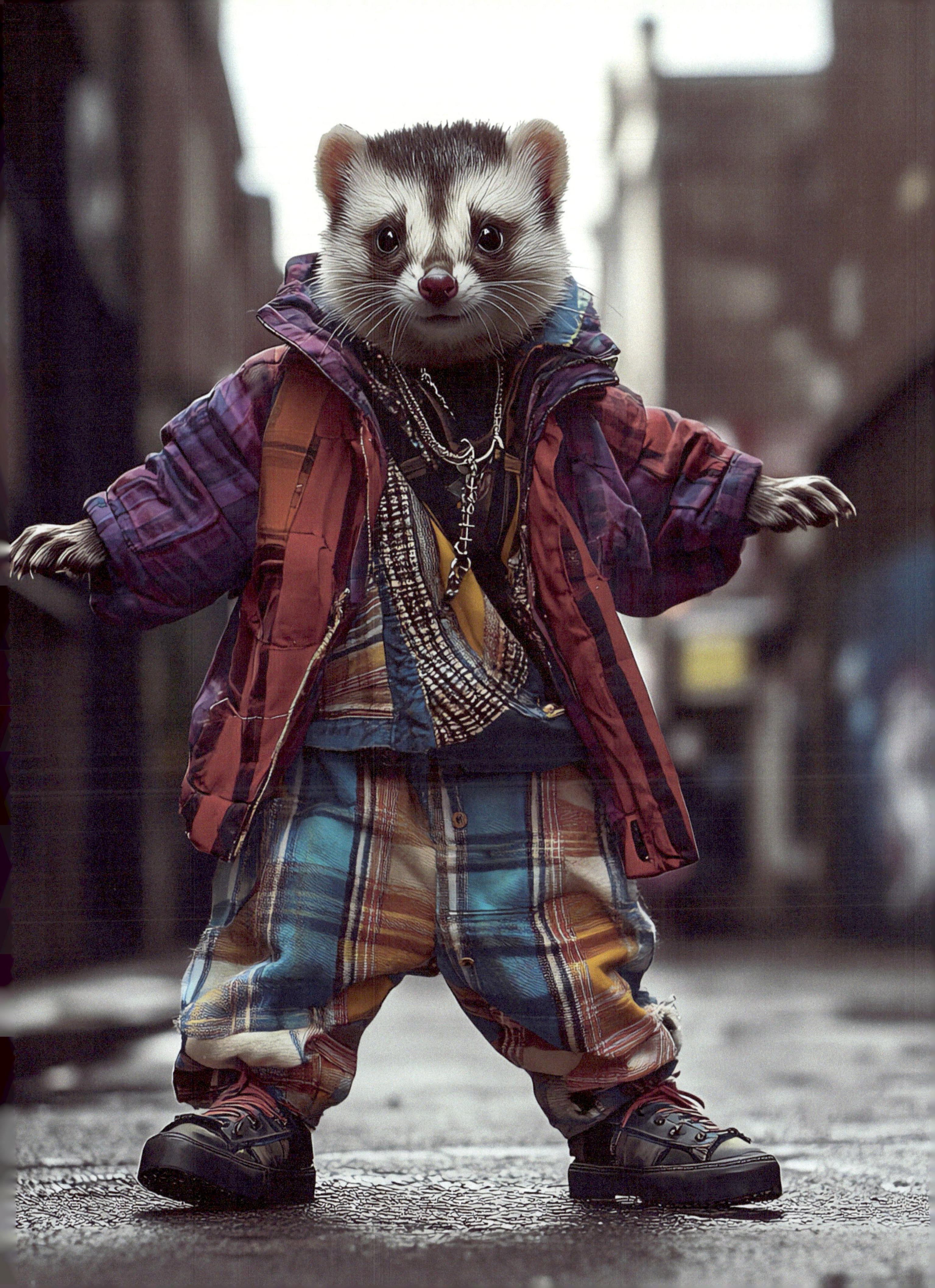

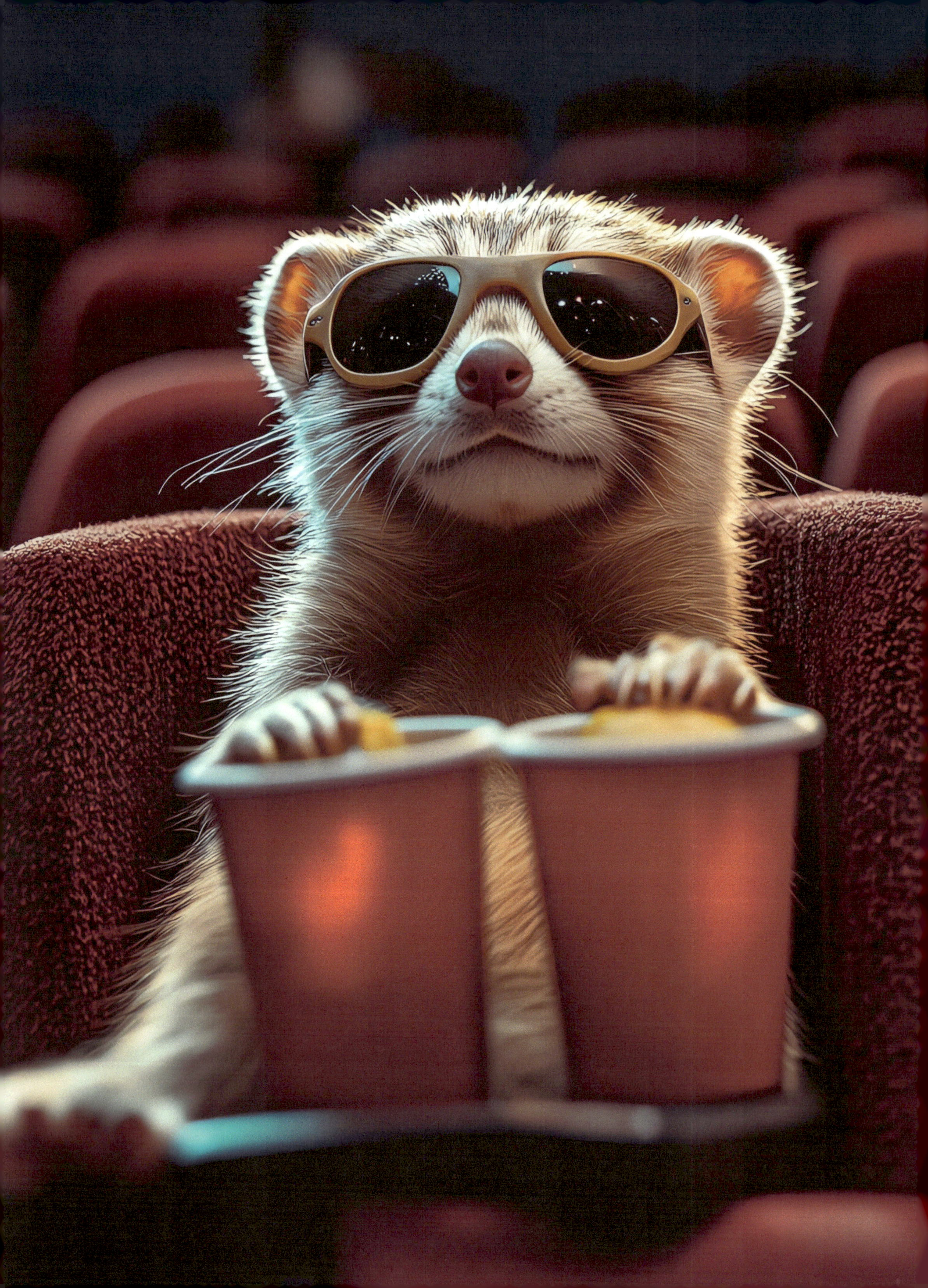

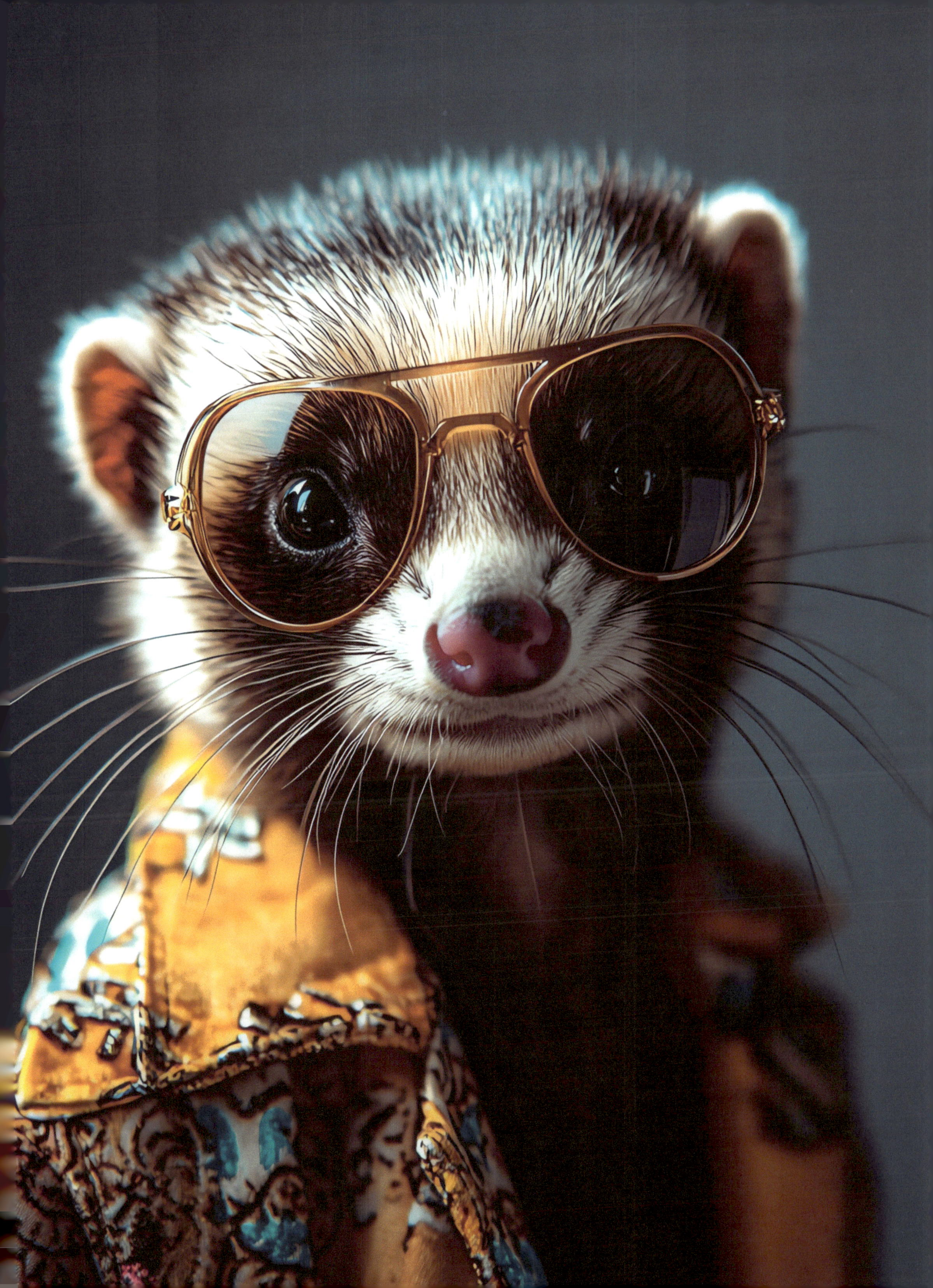

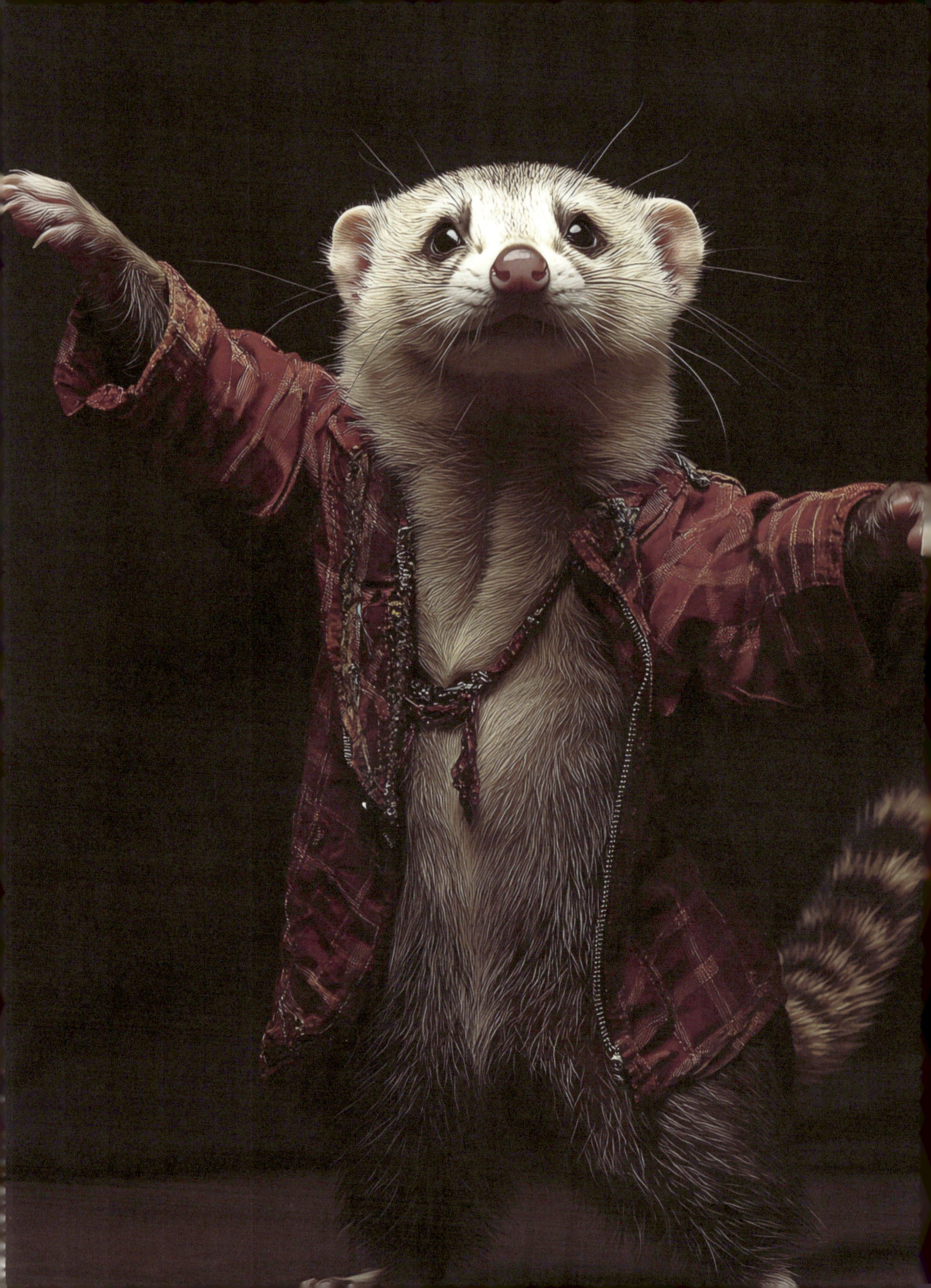

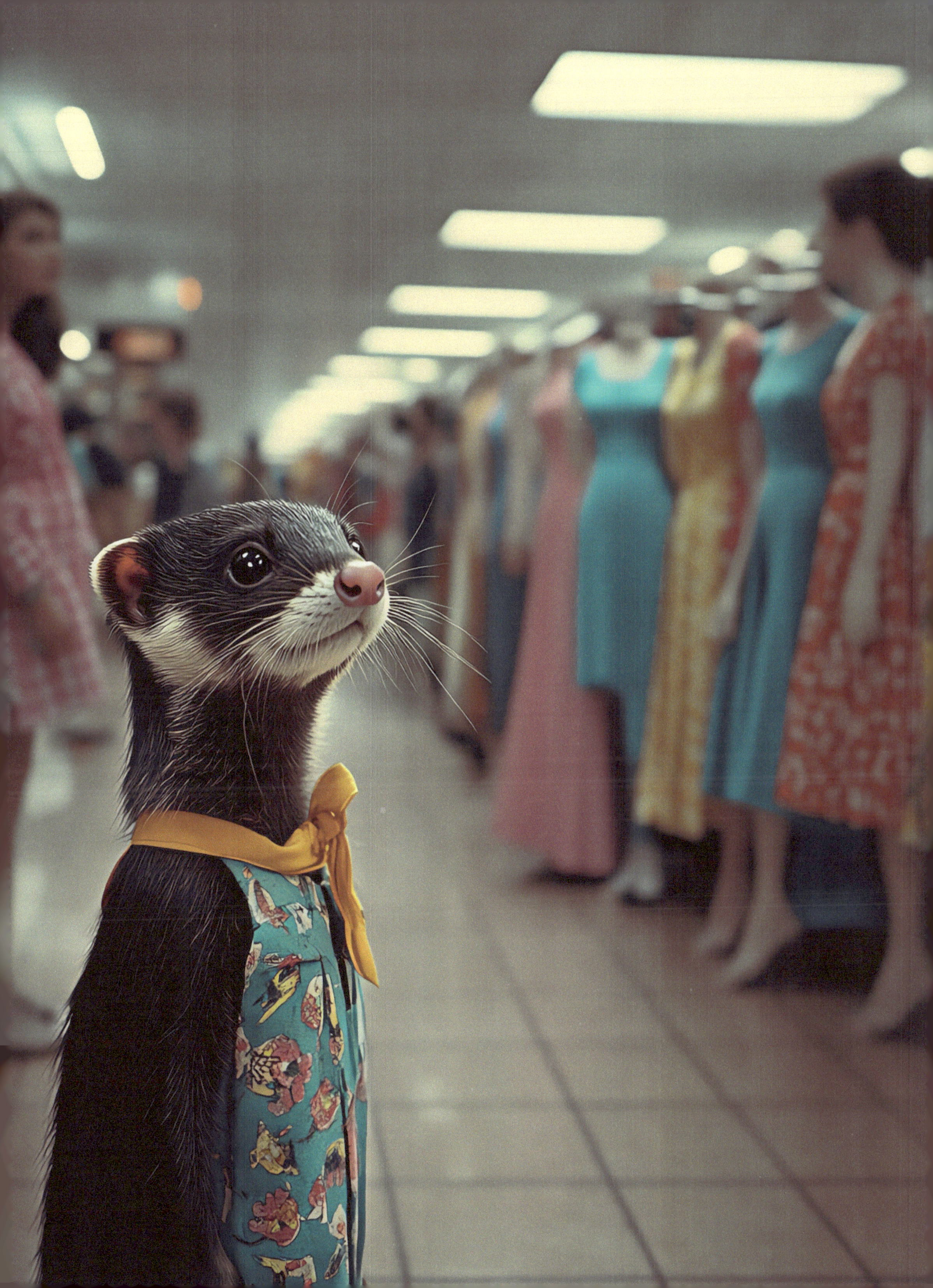

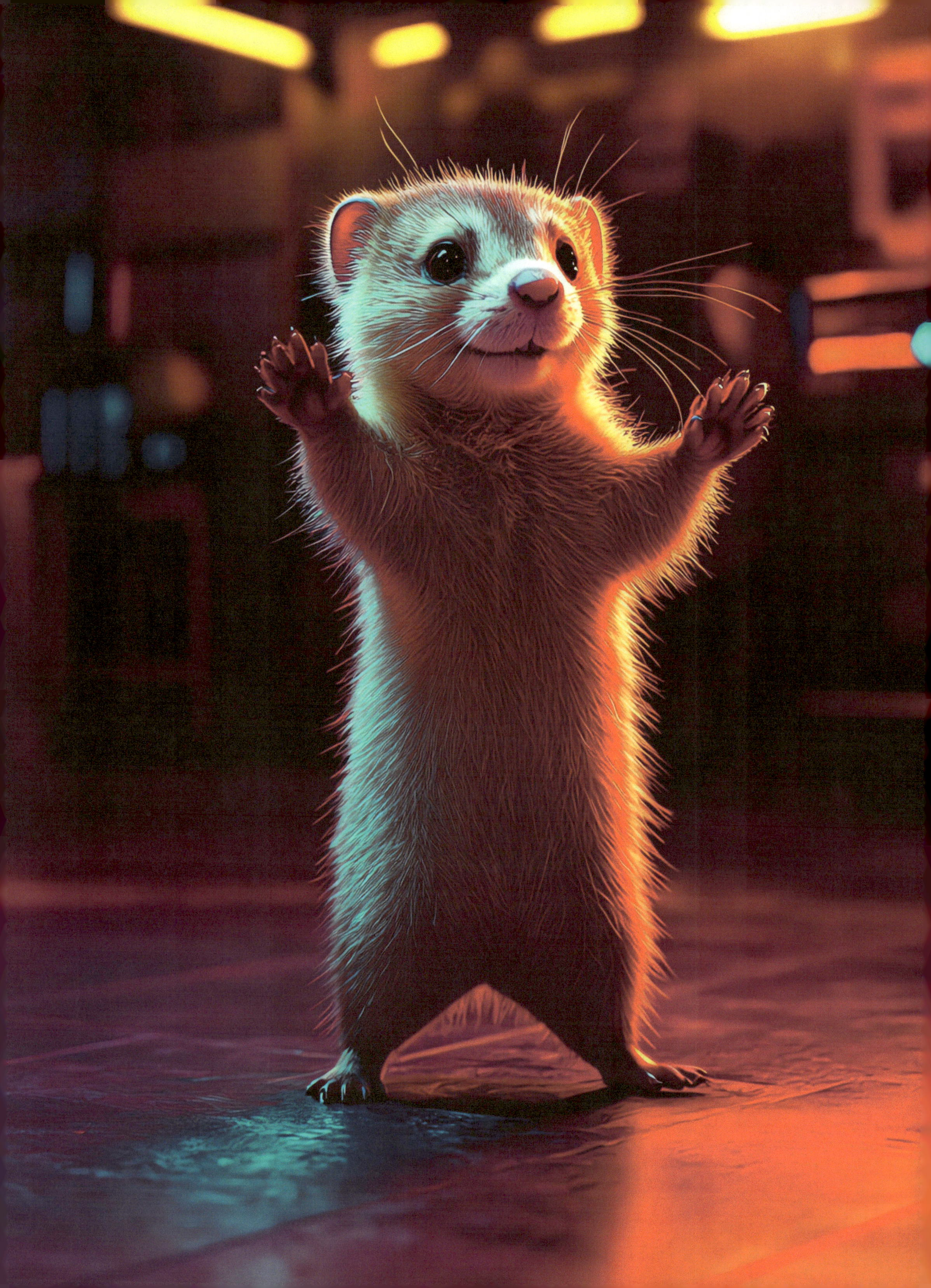

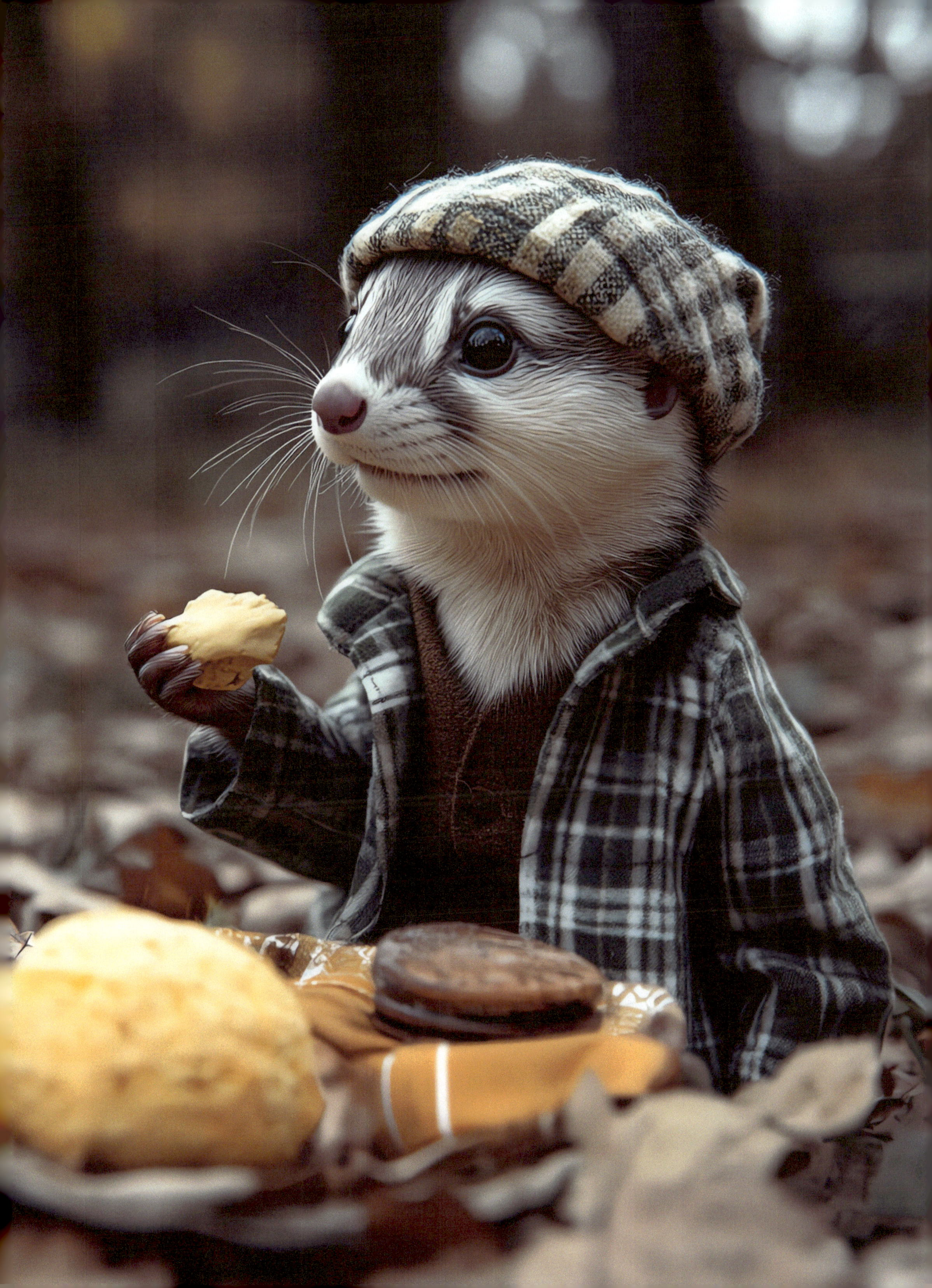

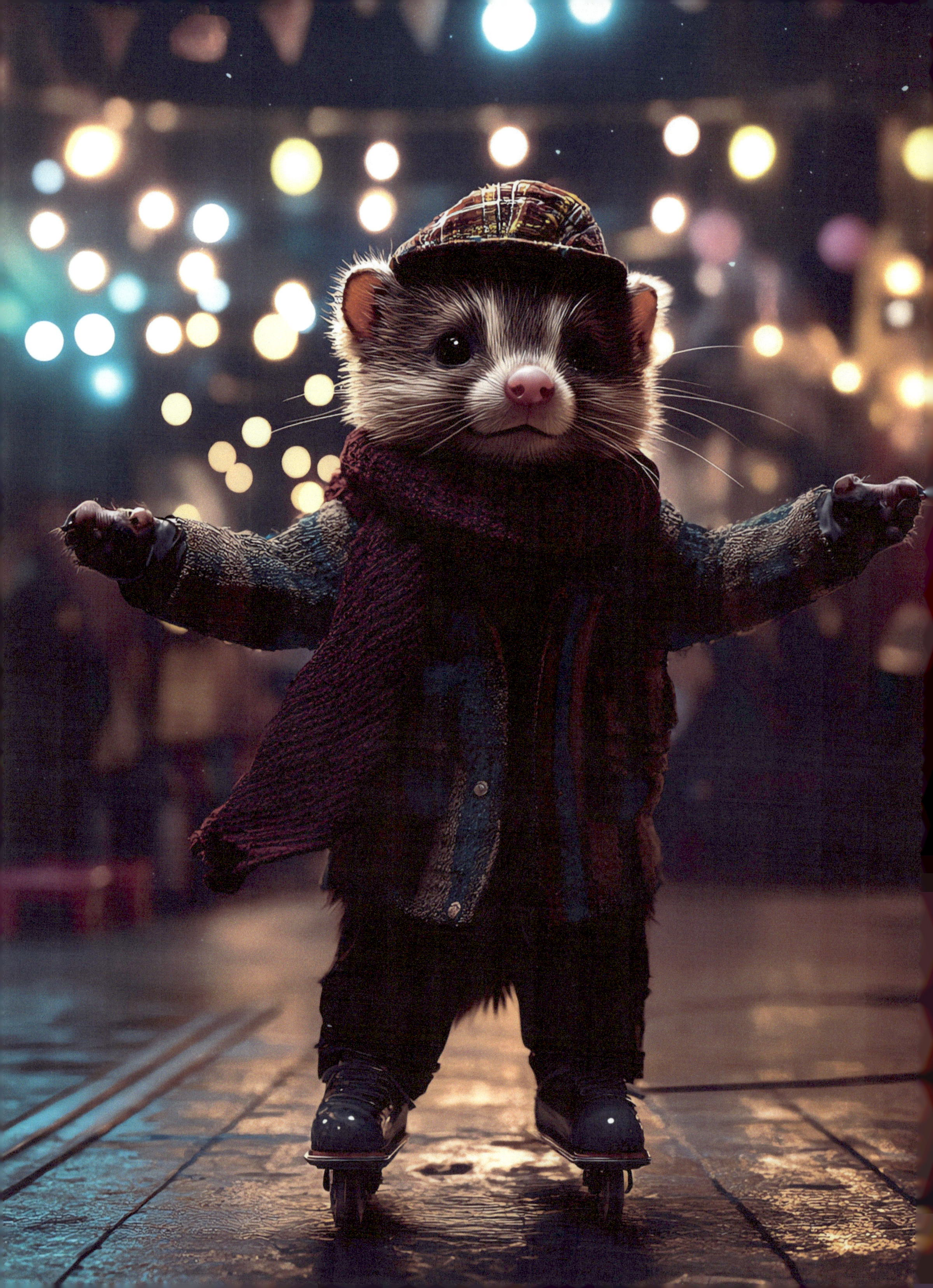

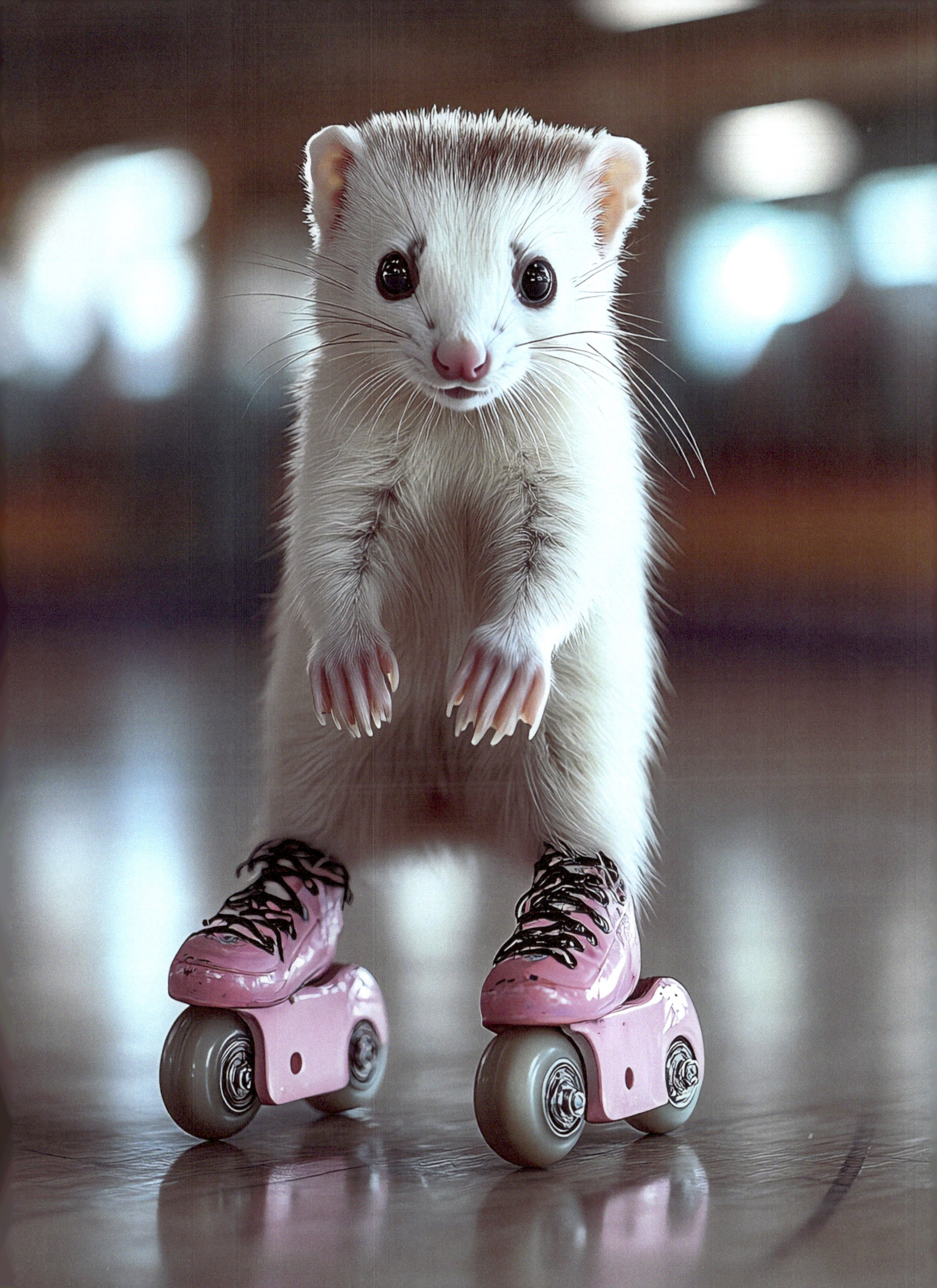

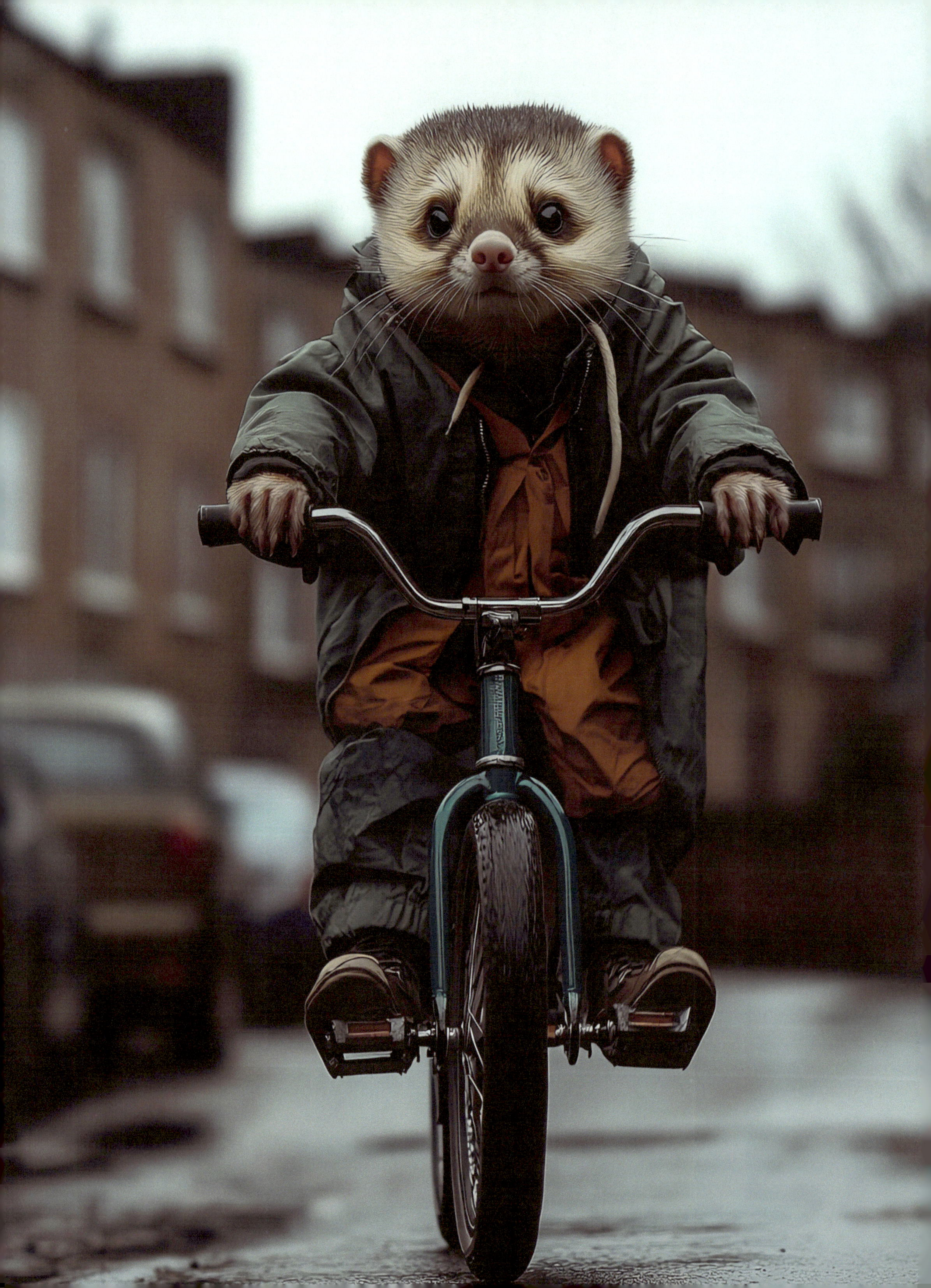

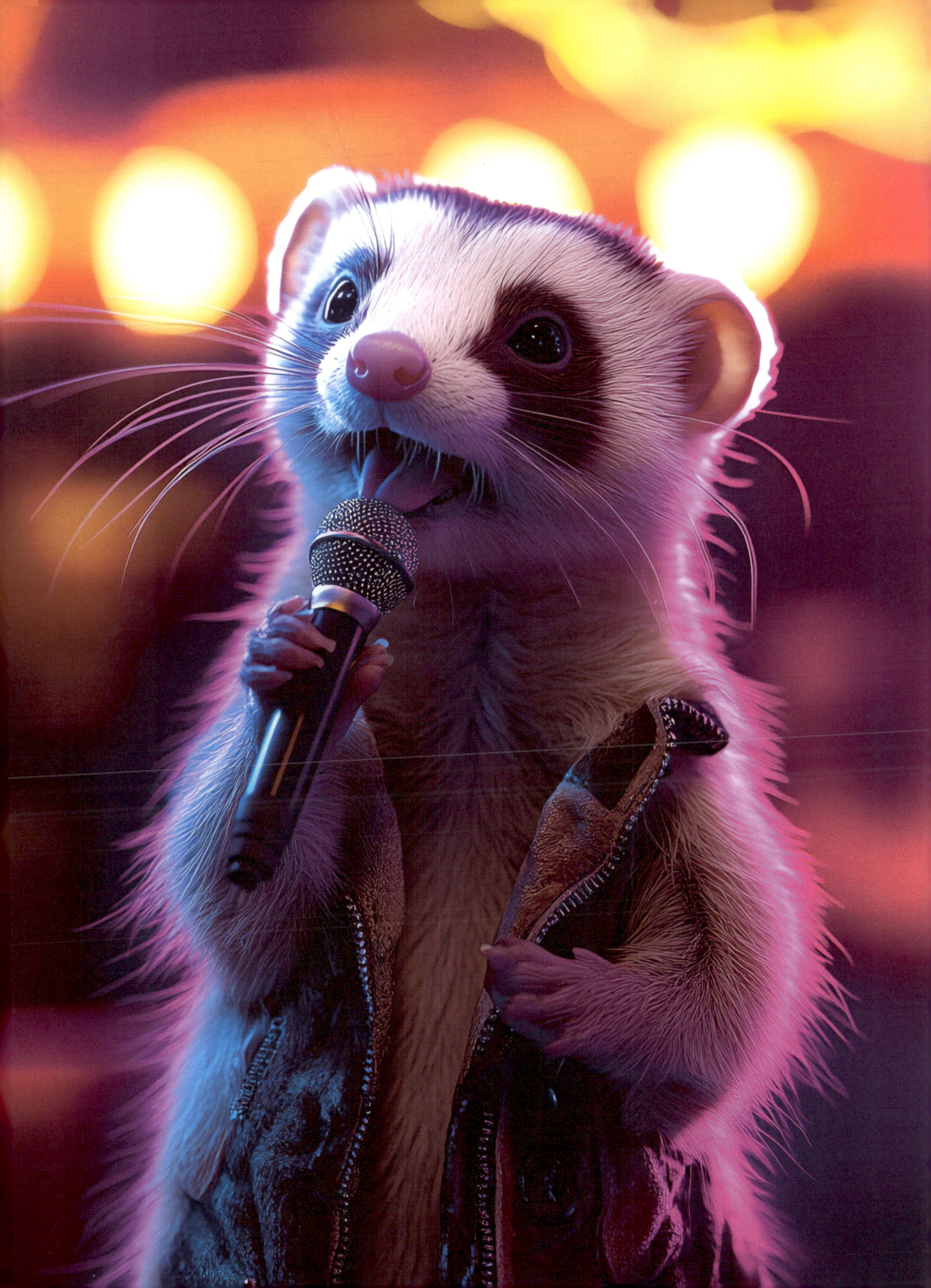

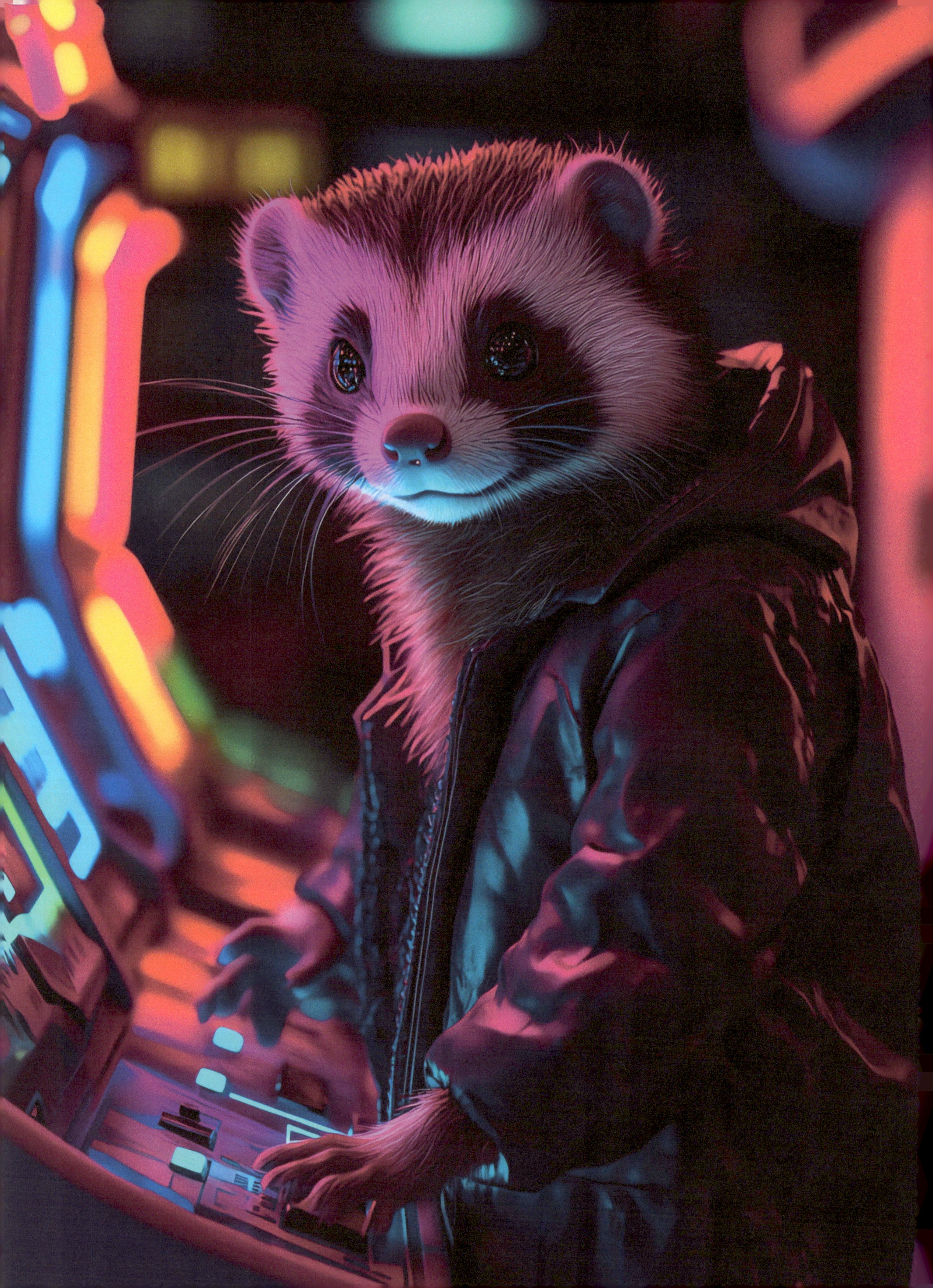

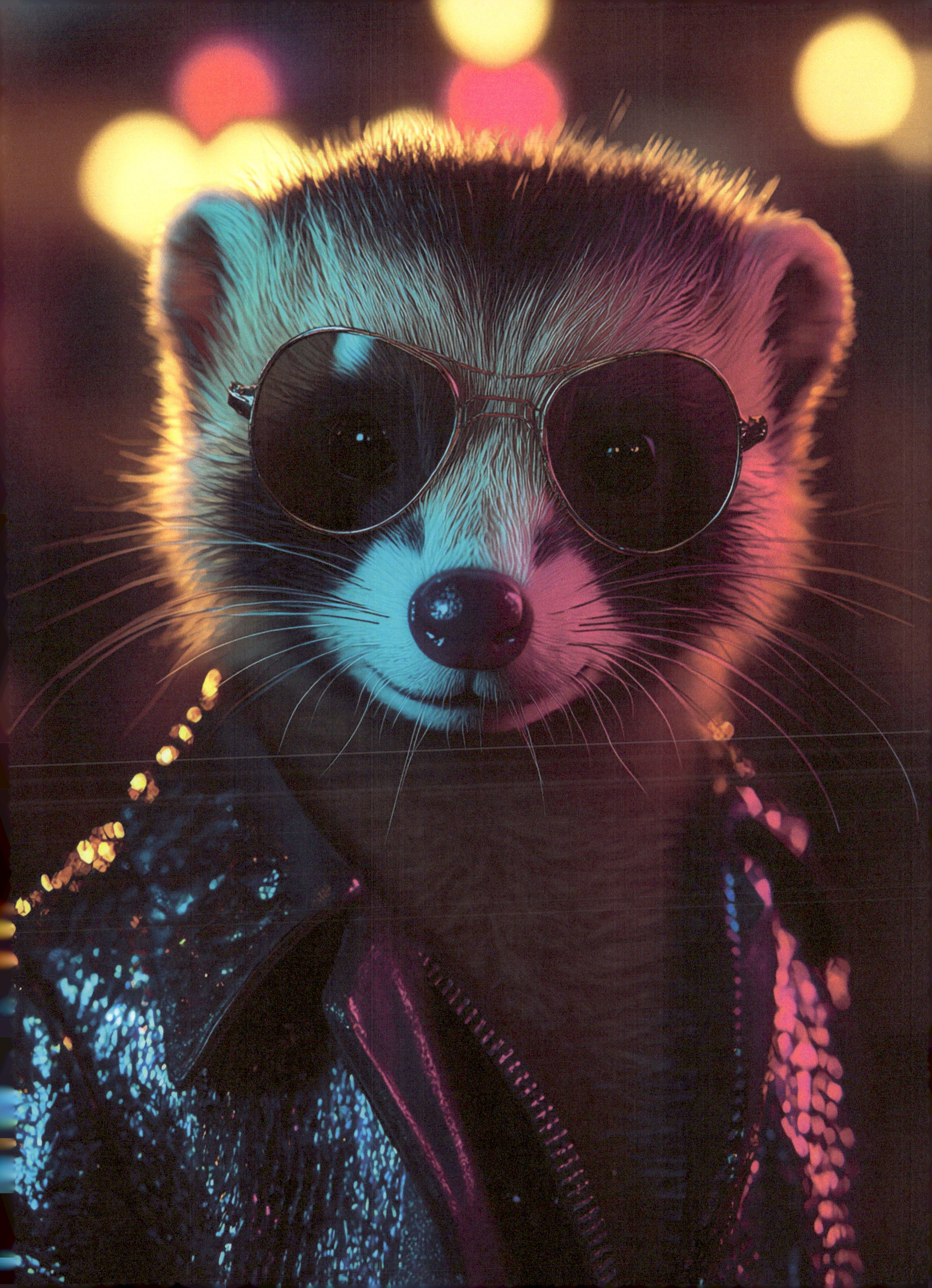

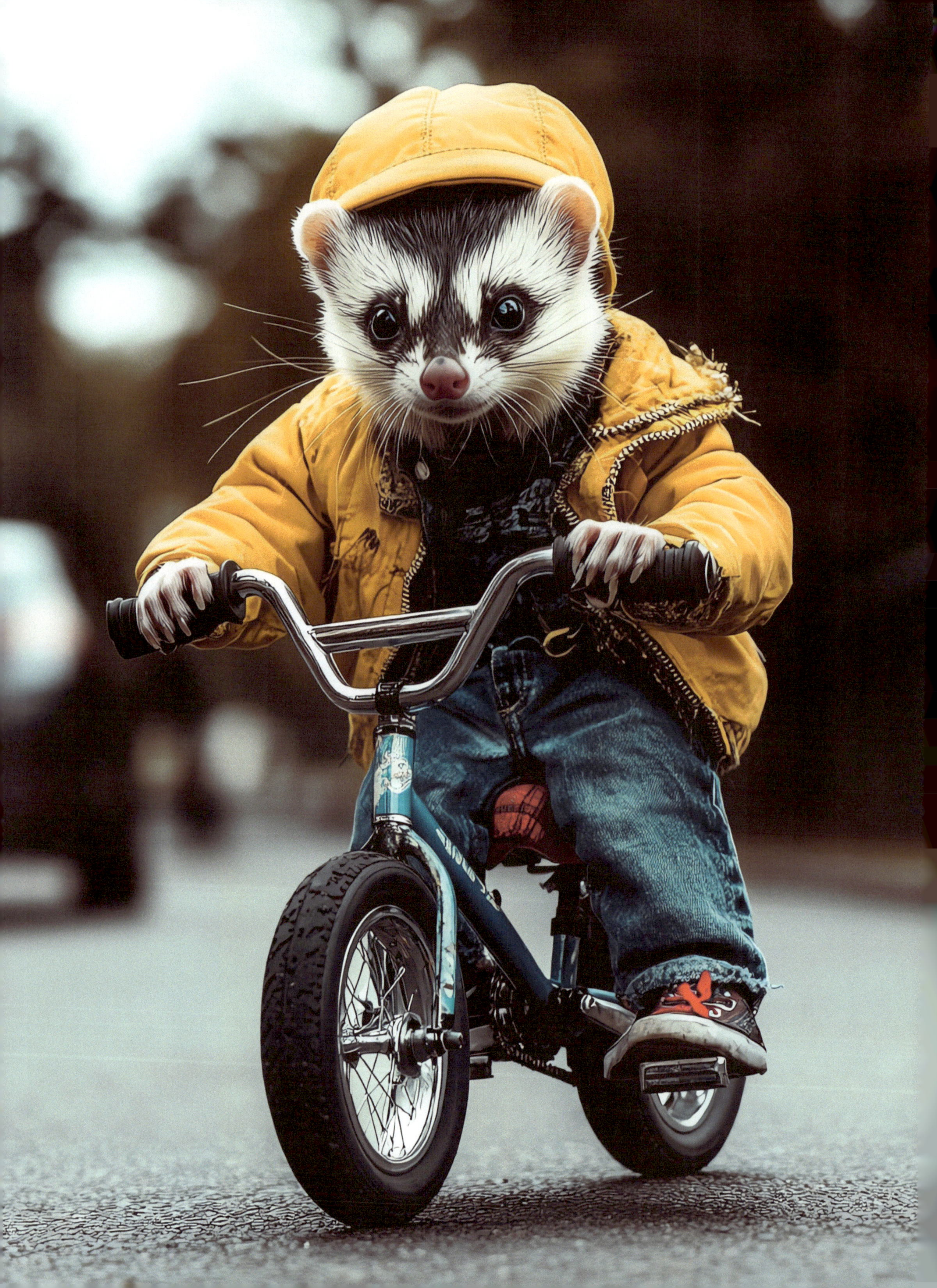

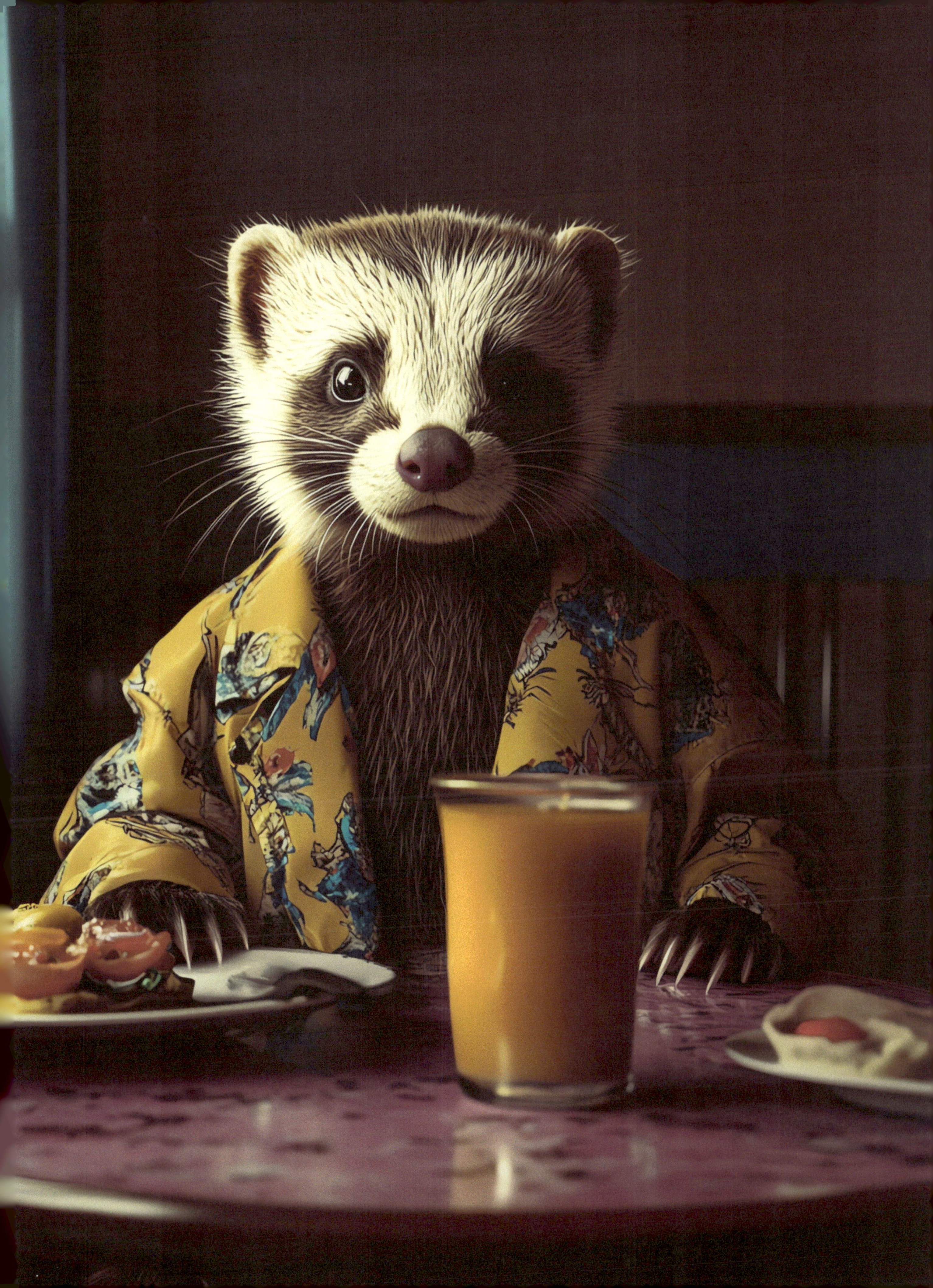

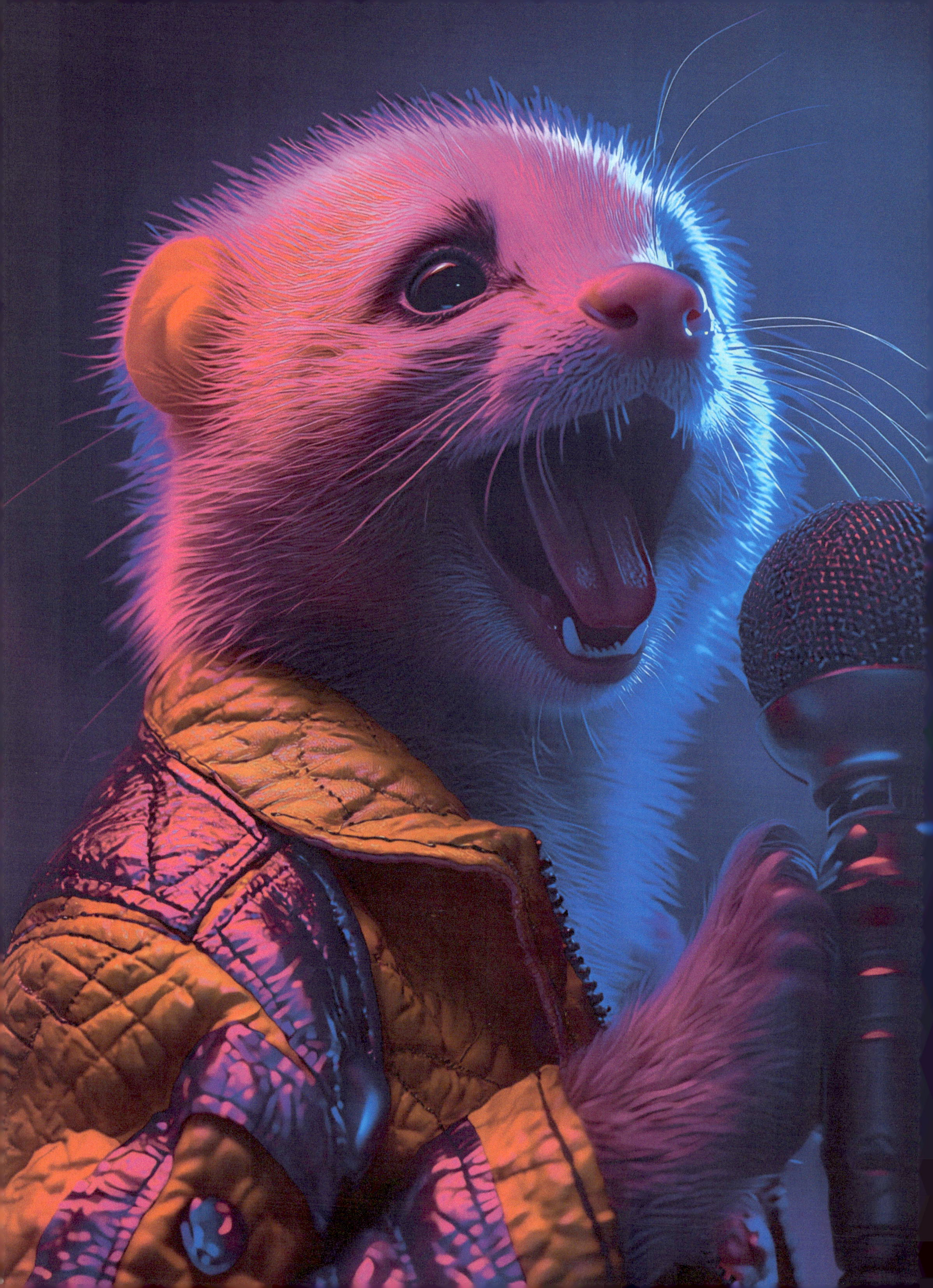

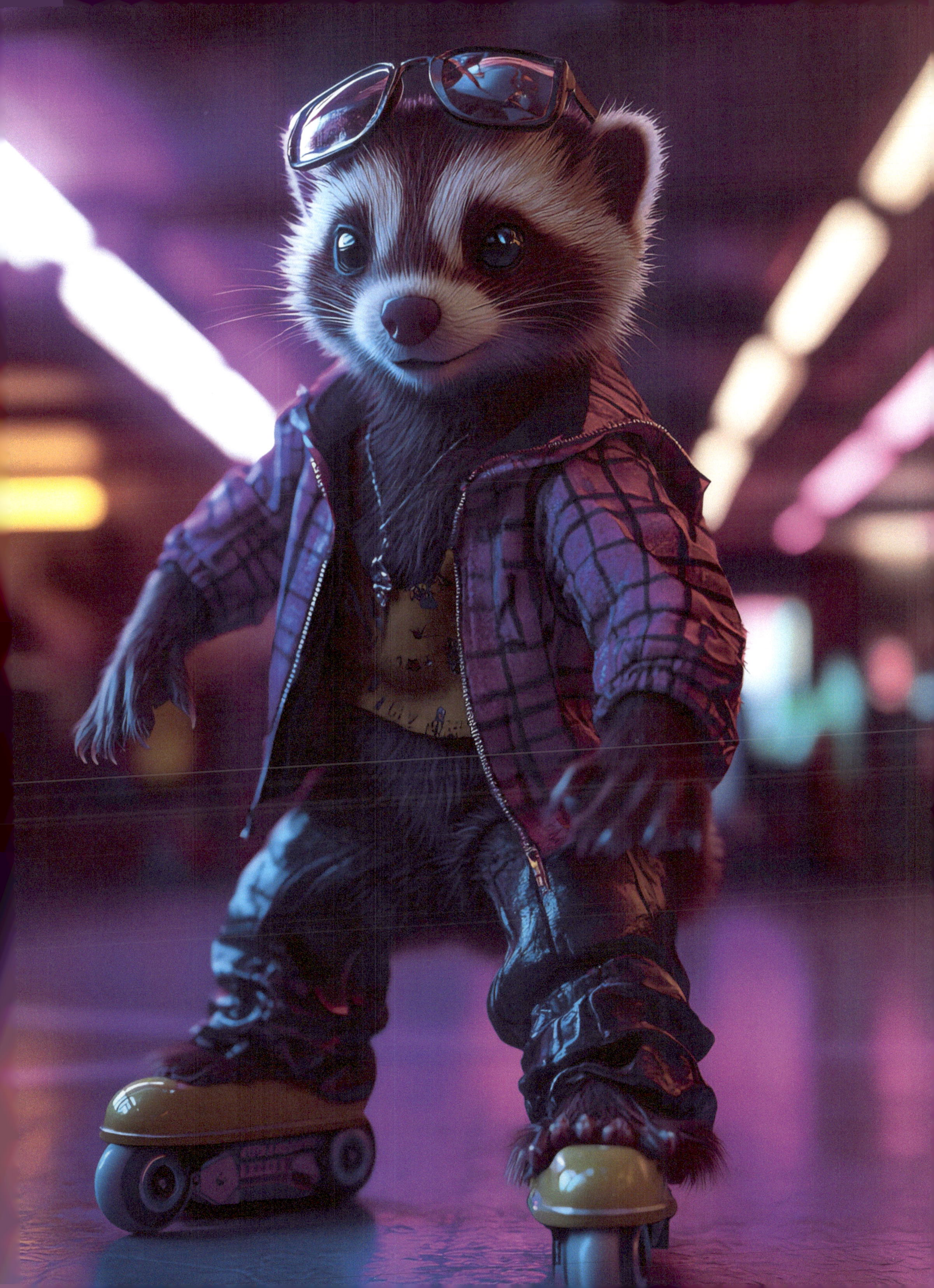

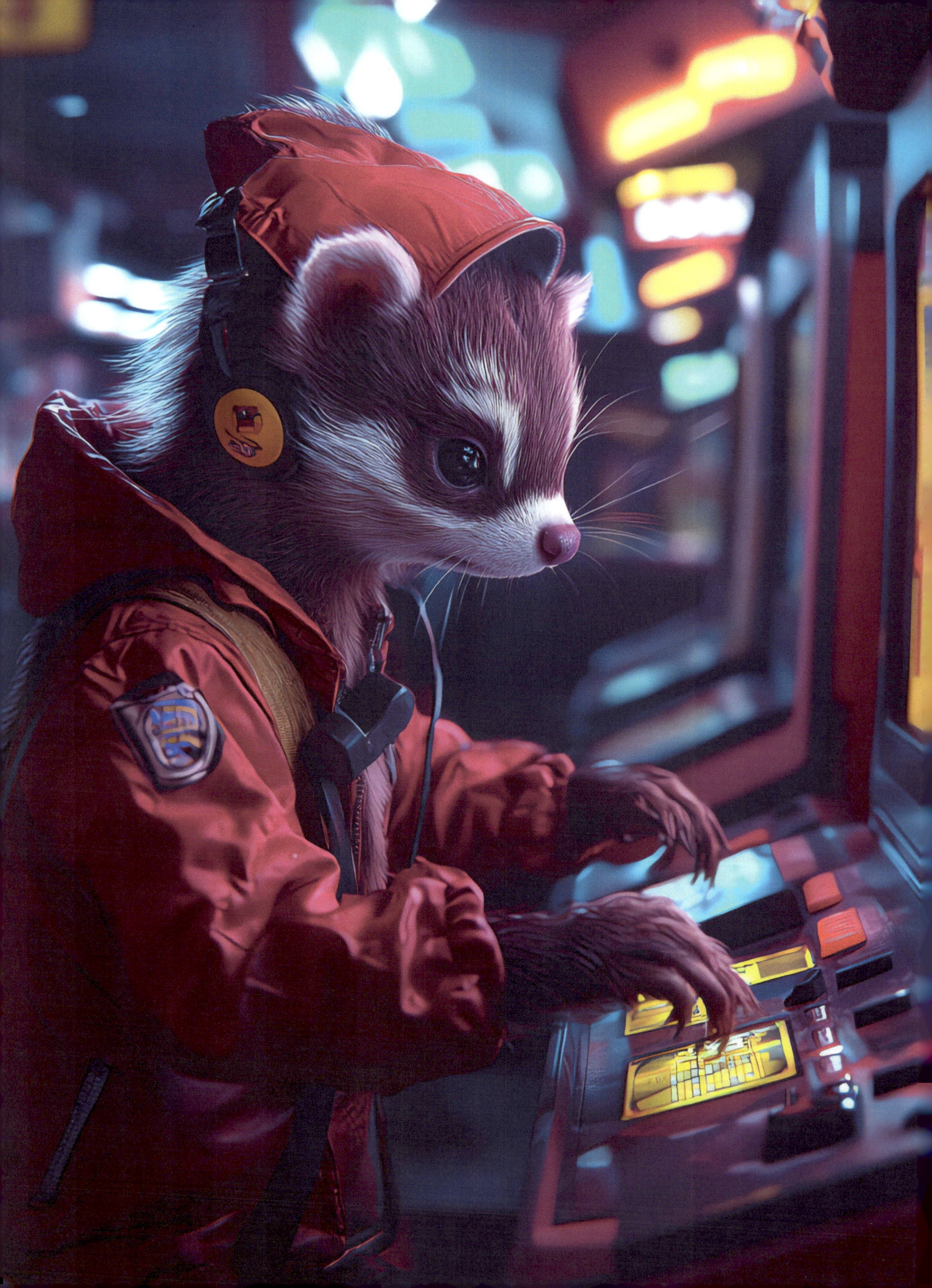